プロの介護福祉士を目指すあなたに

介護福祉援助技術を身につけた介護福祉士の
専門性と援助法について

田中安平

ラグーナ出版

まえがき

　1987年に「社会福祉士および介護福祉士法」が成立し、無資格で、誰にでもできると思われ、そのようにいわれ続けていた介護現場に介護福祉士という国家資格を保持した専門家が誕生しました。これで、専門職業として、未来はバラ色になるはずでした。ところが、実際はどうかといいますと、国家資格を所持した介護職員が誕生して20年以上が過ぎたというのに、介護現場はいまだ混迷の中にあります。

　要因が、名称独占という資格形態にあるにしても、全労働者の中で特に離職率の高い職場に位置づけられている事実を考慮するとき、何らかの重大な欠点が介護現場の中に隠されているのではないかと疑わざるを得ない状況が続いています。

　熟慮のなかで真っ先に思い当たるのが、"介護福祉士という国家資格保持者が、いまだプロの職員として社会に認められていないのではないか"という点です。「介護福祉士と1級ヘルパー、もしくは実務経験10年以上の無資格者との専門性の差異（つまり技量の差異）はどこにあるのか」。これは、専門性に関する論議の中でよく口にされる言葉です。

　ところが残念なことに、これまでこれらの疑問に対して、介護福祉士の職能団体や介護福祉士養成施設から明快な回答がなされることはありませんでした。

　本論では、このような疑問に対する回答を見出そうと、いまだ自明のようでありながら明確に構造化されていない介護の専門性（「介護」と「介護福祉」の名称の差異等）について、介護福祉援助技術という体系を構築する中で論じるとともに、事例をもとに具体的な援助方法について論じています。

　プロの社会では、努力するものとそうでないものの差異は、年俸はもちろん1軍から2軍へと格下げされることをも意味しているのです。これがプロの社会の厳しさです。それは介護福祉士にとっても同じことが言えるのではないでしょうか。しかし、福祉の職員はその厳しさをどれほど理解し、どれほど自分

に努力目標を課しているのでしょうか。自己反省する必要があります。国家資格が誕生してすでに20年以上が過ぎているのですから。

　本書は、実践の場である介護現場において、介護福祉士という国家資格保持者内の差異はもちろん、国家資格保持者とそうでない人々との援助内容において明確な技能差を生じさせ、介護現場内外においてプロの介護福祉士とそうでない者との力量の違いが明確になることをめざして、筆者の博士論文を編纂し直しました。本書が介護現場で勤務する人々の就業意欲をかきたてる一助になりますことを祈念いたしております。

　最後に、筆者の草稿を読んでいただき、書籍として出版するよう勧めていただいた、鹿児島国際大学研究科の元科長・高山忠雄先生、前科長・田畑洋一先生はじめ学校法人津曲学園の深甚なる思い遣りと、本書出版の相談を快く引き受けていただいたラグーナ出版の川畑善博氏に書面を借りて感謝申し上げます。

　本書は鹿児島国際大学の出版助成を受け上梓されました。ここに改めまして感謝申し上げます。

目　次

まえがき ─────────────────────────── 3

序　論　介護現場の混沌の解消に向けて ──────────── 8
　　　1　介護福祉士にコアである専門性が求められる理由 ───── 8
　　　2　コアである専門性を構築するために ─────────── 11

第1部　介護福祉士に求められるコアである専門性 ─────── 13

第1章　定義に見る介護の専門性（家庭的介護と専門的介護） ── 14
　第1節　メイヤロフの『On Caring』にみるケアの専門性 ────── 15
　　　1　メイヤロフのケアにおける概念整理 ────────── 15
　　　2　メイヤロフのケアと日本語表記による分類 ─────── 16
　第2節　様々な定義に見るケアと介護・介護福祉 ─────── 20
　　　1　ケアの定義 ──────────────────── 20
　　　2　介護の定義 ──────────────────── 21
　　　3　介護福祉の定義 ───────────────── 22
　　　4　介護・介護福祉の定義から見えてきたこと ────── 22

第2章　介護福祉士に求められる専門性 ─────────── 26
　第1節　介護の専門性としての「介護福祉援助技術」 ────── 27
　第2節　介護福祉援助技術における直接援助技術 ─────── 29
　　　1　直接援助技術としての介護福祉技術 ────────── 30
　　　2　直接援助技術としての介護過程 ──────────── 32
　　　3　直接援助技術としてのケアカウンセリング ─────── 36

第3章　介護福祉士と養成課程 ─────────────── 42
　第1節　テキストからみる養成教育における専門性 ────── 42
　第2節　介護福祉士の専門性と専門介護福祉士に見る専門性 ── 46

第3節　直接援助技術修得に必要な科目群と科目群を配置するために
　　　必要な時間数 ———————————————————————————— 49
第4節　専門性を保持した介護福祉士に求められる素養 ———————— 51

第2部　プロの介護福祉士に求められる技能 ———————— 55

第4章　介護実践とケアカウンセリング ———————————— 56
第1節　ケアカウンセリングの理論 ———————————————— 57
　　1　ケアカウンセリングとは ————————————————— 57
　　2　ケアカウンセリングの必要性 ——————————————— 61
　　3　ケアカウンセリングが求められる介護現場 ———————— 63
第2節　ケアカウンセリングに必須のカウンセリングマインド10の
　　　技法 ———————————————————————————— 65

第5章　事例を通じたケアカウンセリングの展開 ———————— 70
第1節　ケアワーカーのルーティンワークにない利用者からの申し出
　　　に対する対応（事例1） ———————————————————— 74
第2節　認知症高齢者の特異な行為の了解と接し方（事例2） ———— 78
第3節　家事と対人援助業務に関わる差異を認識した援助活動
　　　（事例3） ———————————————————————————— 83
第4節　食事介助の場における不適切な介助が起きる要因（事例4） —— 86
第5節　「死にたい」という言葉に秘められた意味の理解（事例5）—— 87
第6節　夜間せん妄的な不穏行動への適切な対応（事例6） ————— 89
第7節　身体に悪いと分かっている利用者の希望への対応（事例7）—— 92
第8節　利用者の意思とは異なる、家族からの申し出に対する援助内
　　　容への応答（事例8） ————————————————————— 95
第9節　日常的な帰宅願望の訴えのある認知症高齢者への対応
　　　（事例9） ———————————————————————————— 99
第10節　施設利用者が掲示板の職員の勤務表を確認に来る意味
　　　（事例10） ——————————————————————————— 102
第11節　先天性の聴覚障害で、視力を失った高齢者への対応
　　　（事例11） ——————————————————————————— 105

第12節　介護の援助全般における対応 ─────── 109

第3部　補論：特別養護老人ホームの施設運営の推移
　　　　　──措置から契約へ ──────── 117

第6章　特別養護老人ホームのあるべき姿
　　　　　─ケアワーカーの体験から提言する─ ──── 118
　　特別養護老人ホームのあるべき姿─ケアワーカーの体験から提言する─
　　　1-1　リハビリテーション ─────────── 120
　　　1-2　地域リハビリテーション ──────── 123
　　　2　生理的処遇と精神的処遇 ──────── 127
　　　3　望ましい処遇確立のための職員定数と基本的処遇内容 ── 131

あとがき ────────────────── 139
引用文献・参考文献 ───────────── 144

序論

介護現場の混沌の解消に向けて

1　介護福祉士にコアである専門性が求められる理由

　介護福祉士が真の意味での専門家として社会から認知してもらうためには、介護教育の前提となる「介護学」の構築が必要となります。しかし、1987年に「社会福祉士および介護福祉士法」が成立し、介護福祉士という専門家が誕生して20余年が過ぎましたが、いまだ介護福祉士は「介護」の専門家であるのか「介護福祉」の専門家であるのかさえ統一されていない状況が続いています。早急に定義を明確にする必要があります。

　そのためには、介護福祉士が業として関わる領域は社会化されたケアの範囲内であることを認識することです。介護保険という、社会保険の一つとしてのケアのみならず、社会福祉という社会保障の枠組みの中で位置づけられている障害者や高齢者等に対するケアは、「ケアの社会化」の一つの方策としての「ケアの有償化」が前提にあるのは確かです。なぜなら、「家族の無償のケア負担を前提とした現在の状況では、しばしばケア提供者に過重な負担が課され、ケアを提供される側にとっても必要なニーズがみたされないから」です（堀田2007：1）。

　このような、社会化されたニーズの対応ゆえに、介護職員の提供するサービ

スには、「してあげる」感が必然的に出現する構造的問題を含んでいることに気付く必要があります。「ケアにおけるパターナリズム」（野中2014：16）は、援助者が認識できれば解決できるというほど単純なものではありません。システムの問題であるのです。

　まず、個別化への対応という点に着目してみます。少ない介護職員でケアを実践しようとして効率化を優先させるとき問題になるのが、介護職員の価値観の差異です。ケアを実践する際になぜ効率化が重要であるかというと、介護現場は平時の中の戦場とでもいうべき状況と同じであり、常に優先順位が求められる職場だからです。どれほど優れた「介護観」を持っている職員であっても、優先順位を間違うと、その接遇そのものが悪い接遇になり、同職種間の職員との軋轢にもなり得ることが、戦場に似た介護現場ではあり得ます。これは、囲碁における手順の重要さに酷似しています。

　囲碁において手順を間違えると、生きていた石が死に、死んでいた石が生きるなどして、勝敗に影響を与えます。同様に、優先順位のつけ方は利用者の自立生活の善しあしに影響を与えかねないほど重要な要因となるのですが、これは介護職員の価値観によって大いに影響を受けることになります。

　理念的には素晴らしい上位の介護観があるにしても、状況によっては下位の概念を提供しなければならない現実が介護現場にはあります。上位の介護観に基づくケアを提供しさえすればよいというものでは決してありません。ここでいう上位の概念とは、利用者1人に対して1人の職員が対応できるような状況下で実践される理想的援助内容をいい、下位の概念とは職員が1人で数人の利用者に対応しなければならない現実的援助内容をいいます。

　介護学は生活を支援する実践学です。生活は理想通りいかないものであり、現実的であります。時には援助者の価値観からしたら、看過できない内容のサービスを提供せざるを得ない場合も出てきます。それでも利用者の価値観に寄り添おうとして援助するのが、臨床のプロとしての介護福祉士に求められている専門性なのです。理想は理想として、現実にサービスを展開するときは現実的対応とならざるを得ません。世界一の高齢社会の中で、適切な社会福祉の実践を世界に発信する、発信できる介護学の構築こそ重要であります。

　適切な「介護観」を持った介護福祉士が、適切な優先順位をつけることができるために求められる技能（あえて下位の介護観にそってサービスを提供して

良しとしなければならない現実を認識し、それに対応できる能力）を、システム的に構築する。これが介護学なのです。先行学問の社会福祉学において、社会福祉援助技術の中の直接援助技術が体系的にも出来上がっているように、本稿では介護援助技術の中に直接援助技術をシステム的に構築していく試みとして論を展開していきます。

介護福祉士に求められるコアである専門性という観点では、『介護福祉教育』の学会誌に投稿された論文をみても、嶋田（2007）は「介護福祉士が問題を解決していく過程」として介護過程の重要性を、片山（2009）は社会福祉援助技術演習に利用者の生活全体を支える技術を教授すべきことを述べています。また住井（2006：27）は『介護福祉学』の論文で「介護目標に接近していく、その生活援助の特殊性に介護の専門性」が存在し、「自己実現されるその介護過程に、介護の専門性が求められている」と述べています。しかし、これらにおいても「介護援助技術」が体系的・具体的に論じられているわけではありません。

このように、介護福祉士のコアである専門性（使命）について十分に体系的に具体的に論じている論文が見出されない中、「専門介護福祉士」なる資格の養成教育について論議がなされようとしております。屋上屋を重ねる愚を犯さないためにも、介護福祉士のコアである専門性について「介護援助技術」を体系的に論じることは、重要な意味を持ちます。介護に高度な専門性が要求される要因は次の点からも明らかです。

中福祉中負担を標榜しながら財政赤字が1,000兆円超もあるわが国において、介護職員が最低人数の枠を超えることは考えにくいことです。この意味することは、介護現場は常に職員体制的に異常事態に置かれたままにあるということです。そのような介護現場の劣悪な接遇環境と、職員間の多様な価値観の差異が生み出す意思統一の困難さを解決するための手法が求められることになります。

本論では、解決の手法を探る手段として、実践事例を分析することにしました。理由は、職員間の多様な価値観の差異・意思統一の困難性が、介護実践の中で生じることを認識しているからです。多様な利用者の価値観に、統一した方法で介護サービスを提供できるためには、介護職員それぞれの価値観を統一する必要があるのです。

筆者が実践事例を重視する理由は、池川が「方法論」の有効性について次の

ように論じている内容と重なります。「幸いなことに多くの看護の研究者は、同時に看護の実践家でもあるわけだから、実践においても学問においても、常に自分自身の方法論を意識することが可能である。われわれは日々の看護体験の中で常に看護とは何かを問い、看護体験を吟味していく過程において、看護そのものの構造を明らかにしていくことができる」(池川2008：14-15)。介護実践という森の中の生態は、介護という森の中に入ったものでなければ正確に把握することはできないのです。

2 コアである専門性を構築するために

　介護に専門性がないと言われ続けて久しくなりますが、専門性がないといわれる原因はどこにあるのでしょうか。一つは、要介護高齢者の8割が在宅で介護サービスを受けながら生活しており、多くの介護（日常生活の補助）が素人（家族）によって行われているという事実にあります。そこから、介護に高度な専門性は必要ないという誤解が生じているものと思われます。誤解をなくすためには、だれの目から見ても明らかなコアである専門性の定義の確立が重要です。専門性が不明確な中で専門家を養成することは困難であるのみならず、そのような中で教育を受けたものを専門家だと社会が認めることも難しく、さらにその養成教育を受けてみようとする者が少なくなるのも当然です。
　そこで、本論では介護の専門家である介護福祉士に求められる専門性のコアである内容を明らかにすることを試みました。具体的には、次のア）〜エ）の様な検討を行いました。

ア）「介護福祉援助技術」の存在の必要性と、構造の図式化
イ）介護の専門家を養成するには、4年間の養成期間が必要
ウ）カウンセリングマインドのベクトルの方向性の違いに専門性の差異がある
エ）カウンセリングマインドをケアワーカー自身に向けつつ展開される介護の援助により、真の意味での利用者主体は実践される

　介護はサービスの受け手である利用者が望むサービスを、利用者が望むよう

に、利用者の望むところで、利用者が望むだけ提供するところに介護サービスを実践する使命があります。援助者の価値観で決定されたサービス内容は、たとえそれが尊厳・自立をめざした援助であったとしても、真の意味での利用者主体にはなりません。カウンセリングマインドを向けるベクトルの方向性を明確にした上でなければ、介護サービスにおいてカウンセリングマインドは十分に生かされないのです。このベクトルを、援助者である自分自身へ向けることにより、カウンセリングマインドは十分に生かされることになるのです。

　このことは、看護における介助技術と介護における介助技術との次のような差異と、類似しています。看護における介助技術では、他者である援助者による管理によって利用者の病が治癒という方向へ向かいます。それに対し、介護における介助技術では、自己、すなわち利用者自身による管理が可能になるよう生活の支援をするという方向へ向かうのです。

第1部
介護福祉士に求められるコアである専門性

第1章

定義に見る介護の専門性（家庭的介護と専門的介護）

　看護に家庭的看護と専門的看護があるように、介護にも家庭的介護と専門的介護があります。家庭的看護も家庭的介護も、原則的に行う主体は非専門家である普通の人々で、そこに専門性はありません。一般的に看護の場合、あえて専門的看護といわなくとも、看護という言葉には専門家の行う業務というイメージがあります。その結果として、非専門家の行う看護には特別に「家庭」という接頭語をつけているのです。

　ところが介護の場合、看護とは逆で一般の人々の行う介護に対して介護という言葉を使う場合が多いようです。「介護難民」「介護虐待」「介護疲れ」等の言葉があるように。

　これの意味することは、介護がいまだ専門性をもった職業として確立しておらず、社会に認知されていないせいではないかと思われます。介護福祉士という国家資格が確立されて20年以上も経っているというのに、です。このことは、定義に関しても「介護の定義」「介護福祉の定義」等と、両者の定義が混在する曖昧な状況を残したままになっていることからも明らかです。

　本章では、職業としての介護の専門性を明確にするとともに、プロの介護と素人の介護の差異が明確になり、介護福祉士が介護の専門家として社会に認知される足がかりを築いていきます。

第1節　メイヤロフの『On Caring』にみるケアの専門性

　メイヤロフは「他者をケアしようとするとき、私はその人とその人の世界を、あたかも自分が当事者であるかのように理解できなければならない」（Mayeroff1971:53）と述べています。これが介護福祉士に求められる専門性の一つであるところの他者理解であり、共感力です。利用者に満足いくサービスを提供するために、援助者には物言わぬ・物言えぬ利用者の望みを推察できる能力が求められています。しかし、メイヤロフが「私は、自分が理解できるようにしか他者を理解することはできないのである」（Mayeroff1971:54）と述べているように、自己理解すなわち自己を覚知する能力も必要です。

　では、自己覚知ができると適切な他者理解が可能になるのかというと、そうではありません。「一般化された原則」が、すべての人に当てはまるとは限らないのです。「その人の体験によって、異なった考え方が作り上げられる」のであり、「同じ行動の裏にも、時に全く逆の考え方、解釈」があり、「その考え方をもとにして、一人ひとりの表現と行動」（平木2002:34-35）がとられるのです。

　また、メイヤロフは「ケアするためには、ときに特別な資質や専門的訓練が要求される。つまり、一般的なケアができるだけでなく、ある特殊な対象に対してもケアできなければならない」（Mayeroff1971:43）として、ケアの専門家に求められる能力の必要性を論じています。

　さらに、メイヤロフは「人が広範囲に及ぶ脳損傷をうけ、思慮分別を身につけた成長発達ができなくなったとすると、その人を慰め、幸せになれるよう働きかけることはできるが、観念的な内容に対する成長を手助けするという意味でのケアは難しい」（Mayeroff1971：43-44）と述べています。このように、ケアの対象者本人が変容・成長するためには、ケアを受容できる能力が必要だということを論じるとともに、重度な障害のある利用者に対しては、当事者が慰めを得られ幸福になれるような努力をすべきであることを介護の援助者に求めているのです。

1　メイヤロフのケアにおける概念整理

　介護は、職業として介護の専門家がサービスを提供する場合と、家族介護も

しくはボランティア等が無償で実施する場合があります。両者を区別して論じようとするとき、職業としての介護であるとか、家族介護もしくはボランティア等としての介護であるとか、接頭語をつけて区別することは煩わしさを伴います。本項では、まず両者に適した名称の決定を試みることにしました。

上述したように、「一般的なケア」以外に「特別な資質や専門的訓練」を必要とするケアがあるとして、メイヤロフはケアの内容を区別して用いています。そこで、この二つのケアに対して、前者を一般的なケアということから「広義の介護」と日本語表記し、後者は特別な資質や専門的訓練を必要とするケアという意味から、特別な介護もしくは専門的介護と日本語表記する方が言葉としては適していますが、前者を広義と捉えたことから、「狭義の介護」と表記することにしました。これで、ケアの表記が一般化されたことになります。

しかし、メイヤロフは、さらに次のように論じています。「……一人の人物をケアすることと一つの観念をケアすることとの間にどれほど重要な相違があったとしても、その相手が成長するのを援助するという共通の型があることを示したい」(Mayeroff1971：2)。一人の人物をケアしようとして「広義の介護」や「狭義の介護」が出現するのは確かです。では、一つの観念をケアするとはどういうことをいうのでしょうか。メイヤロフは、ある理想やある共同社会をケアすることで、人は自分の人生に秩序付けをし、広い範囲に意義づけをすることができると述べています。しかし、本章で筆者が論じようとしているのは専門性を持って「一人の人物をケア」することについてであり、「一つの観念をケア」するということに対して関心を向けていません。とはいえ、これは無意味だということではなく、この概念はケアの本質に含まれるべきものであるから、日本語表記による分類では論じないことにします。

2　メイヤロフのケアと日本語表記による分類

図1に見るように、「ケアすること」すなわち「どうなすべきか」は、ケアの概念を「介護」という日本語で表記することで、広義の介護という意味合いを持たせることが妥当です。それに対して、狭義の介護は福祉的・専門的色彩を色濃く持った援助内容となり、「介護福祉」と日本語表記することがよりふさわしいものになります。以下、概念的に「介護」と「介護福祉」は別物であるとして論じることにします。厳密な意味からすると、介護福祉は対象者の範囲と

いう意味では介護のなかに含まれているのですが、技術の深さという点に関しては一般的な介護の範囲を超越しているのです。

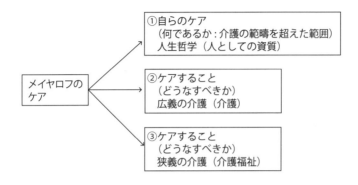

図1　メイヤロフのケアと日本語表記による分類（介護・介護福祉）

　両者の明確な違いは、関係性の違いにあります。つまり、前者における介護関係はすべての関係性のなかでなされる広い援助内容を指すのに対して、後者の介護関係は専門的関係性のなかで行われる限定された援助内容に対して用いられます。したがって、責任という意味合いにおいて、後者には高い専門性が要求されることになるのです。
　広義の意味の介護すなわち「一般的な介護」は、援助者を含めすべての人が求めるべき生き方、関係性のなかでの介護への追求であり、特定の分野を意味するものではありません。それに対し「介護福祉」は、福祉という制度を伴った分野で展開される介護内容に対して用いられることになり、あくまでも社会保障の枠組みのなかで用いられる介護内容です。
　ただし、注意しなければならないのは、広義と狭義の意味を取り違えないことです。狭義の介護は援助の対象者が限定されている分、広義の介護より専門性が要求されるという意味での狭義であり、狭義の介護を論じるとき、一般的な「お世話」を念頭においているわけではありません。また、広義の介護は、専門家も含めたすべての人々の行う介護、対象者を限定しない介護を意味しています。それは「看護」と「家庭的看護」の違いに似ております。本来は「介護」と「家庭的介護」のような語彙の差異になるべきですが、残念ながら専門

性の明確に確立されていない介護の現状においては、「介護」と「介護福祉」の差異から明確にしていかなければなりません。「介護」と「家庭的介護」という差異は、その後位置づけられることがふさわしいことになります。

　介護は、広義の介護のうち、ボランティア（施設等フォーマルな内容へ関わるときはフォーマルサービスとして介護に関わり、高齢者のゴミだし等を自主的に手伝うときはインフォーマルサービスとして広義の介護に位置づけられる。ボランティアは本質的に両者の位置づけを持っている）を含む、福祉的関わりを中心においた、ある意味限定された内容となるべきであり、一般的に使用される思いやり、気遣いなどの心は範囲を広げた介護に含まれることになります。

　ところで、介護福祉士は「広範囲に及ぶ脳損傷をうけ、思慮分別を身につけた成長発達ができなくなった」利用者と関わることを求められる職場で勤務するのですが、「観念的な内容に対する成長を手助けするという意味」で主体的に利用者に関わるのではなく、「その人を慰め、幸せになれるよう働きかける」ことに専門性をおくことになります。

　これは、介護福祉士に求められるカウンセリングマインドが、「相手を慰め幸せになれるよう働きかける」方向で用いられているということです。つまり、後述するように、介護福祉士に求められるカウンセリングマインドは、相手を幸福にするために援助者である自己に対して変容の努力を求めることが必要だということを示唆しています。

　というのも、介護は生活への支援であり、生活は喜怒哀楽への関わりであり、あくまでも個別的であり、これが生活だと明確に取り出せる、模範的な解答はないのです。そのような介護現場でチームワークを発揮するためには、機に臨んで応変できる技量が求められます。これが、ケアカウンセリングという介護福祉士独自の専門性なのです。

　メイヤロフのケアを日本語表記するときに忘れてならないのが、次の文章の内容です。「子供をケアする中で、私が彼に自分の能力と経験に合った決断をするように励ますのは、自分で決断し、決断したそのことに対して自分で責任を持つことが、彼の成長する力を伸ばす方法の一つだからである。しかし子供が幼く、……私が彼に代わって重要な決断を」することがあるのは、それが「彼の独立と成長を助けるのだと信じているからである」（Mayeroff2006：101）。こ

第1章　定義に見る介護の専門性（家庭的介護と専門的介護）　19

れは介護・介護福祉というより、子育てもしくは教育に近いものであり、筆者の論じる専門性とは異なる内容となっています（もっとも、「独立と成長を助けるのだと信じ」る姿勢は、介護・介護福祉にとっても重要な内容であることに違いはありません）。

　筆者が論じようとしているケアの内容は専門性が要求されるケアについてであり、その他のものについて論じようとしているのではありません。鬼崎は社会福祉事業サービス提供に関する法制を「保護法制」と「救護法制」に分け、社会福祉事業の対象となる人々のニーズに応じて提供されるサービスの性質に照らし、保護法制を5通り（扶助・育成・更生・救助・援護）に類別（鬼崎2007：78-79）していますが、そのうちの一つである、育成法制の対象者に接するプロの援助者に求められる専門性についてのみ論じています。

　このような混乱は、田畑が「社会福祉という言葉は国民の間でごく普通に使われている。しかし、社会福祉という言葉の意味は必ずしも一定しておらず……いろいろな意味合いを持って使われる場合がある」（田畑2004：9）と述べているのと同様です。また釜谷は、「ケア」と「介護」「介護福祉」の差異について次のように論じています。「『介護』という概念は、『ケア』と同じ本質を持っており、ほぼ同義語として取り扱うことができる概念である。しかし今日の『介護』は、高齢者や障害者を介助・支援するといった限定的・直接的な援助行動としてとらえられ……限定的で狭義な専門的概念として用いられていると考えるべきであろう。そして、『介護福祉』という概念は、介護の職業化・社会化によって介護を行う対象者・方法・場所等が明確にされてきたものであり、そのため介護福祉における『ケア』の概念はさらに限定的なものになる」（釜谷2007：78）。これは分類において筆者と同様であるが、内容において差異があります。釜谷の論を図式化すると、図2のようになります。

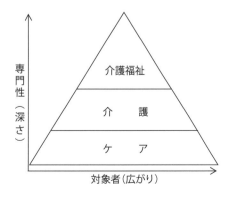

図2　ケアと介護・介護福祉

第2節　様々な定義に見るケアと介護・介護福祉

1　ケアの定義

　メイヤロフの『On Caring』でみてきたように、ケアを一言の日本語で表記するには無理があります。そのことを、川本は次のように述べています。「何よりも、ケアの定義（あるいは日本語での言い換え）が論者によってまちまちである。これを無理やり統一しようとすることは『プロクルテスの寝台』の愚を犯し、論集の生命を殺ぐことになると考えた。また対象そのものが多様な現れを示す以上、ケアの訳語も複数あって当然だろう」（川本2005：37）と。また、中山は「介護者は、英語でケアギバー、すなわちケア提供者と表現する。その際のケアは、日本語の『介護』の語感よりも広いものを含んでいると考えられる。介護という言葉をどこまで広く考えるかによって、介護者の範囲も変わる」（中山2011：3）と述べています。

　本稿ではこれまで、ケアに関する日本語表記について、広義の意味の介護に関しては「介護」と記述し、その中でもケアを労働として捉える部分、すなわちケアワークについて「介護福祉」として用いることが適切であることを論じてきました。その中で、両者の定義について考える必要が出てきました。これら両者の妥当性を論じる前に、『社会福祉用語辞典』におけるケアについての語義を見てみると、次のようになっています。

　「ケアの用語を使って語られている諸現象は非常に多様である。しかし福祉分野においては、現在のところ『介護』とほぼ同義語であると考えて差しつかえない。『ケア』は本質的に、気遣うことをして、その人の願っているように助ける、愛を込めて注意して見守り必要あらば保護したり助けたりするという意味がある。介護における行為も、本質的に『ケア』という言葉に込められている意味によってなされている行為である」（中央法規出版編集部2001：105）。

　ケアの語義について池辺は、英和辞典の多数の訳語から「ケアという語は第一義的には、心配や気がかり、悩みなどを意味している。自分が抱えている様々な心配や不安などと向き合うことが、ケアの出発点」であり、そのことを通して「同じような心配や不安などを抱えた他者に対しても、相手の苦悩や要求にこたえながら、世話や配慮をおこなっていくことができるようになる」（池辺

2004：9）と述べながら、「自分自身をよく知ることができたならば、自らの欲望を抑制することができ、他者との関係においても他者のために振る舞うことができる」（池辺2004：10）と、自己理解と他者理解の重要性を述べています。

他方、山縣らによる『社会福祉用語辞典』（山縣・柏女ら2001）にはケアの語義はないがケアワークの語義があり、『介護福祉学習事典』（吉田2003）にはケアもケアワークの語義もありません。ところで、ここでいうケアとは倫理的ケアを意図しているわけではありません。また、宮内のいうように、「正義の倫理」と対比しようとしているわけでもないのです。宮内は、「本稿で取り上げるケアの倫理は、正義の倫理との対比で登場した」（宮内2008：102）として次のように論じています。

「ケアの倫理は人間関係の維持を重視し、傷つけることを避けようとするが、その根底にあるのは『安全への欲求』と言える。これに対し正義の倫理は、権利を主張し、他者の介入や他者への介入を避けようとする。ここで働いているのは『自由への欲求』である。そして双方とも、自己中心性やエゴイズムを倫理的でないとする」（宮内2008：102）。

しかし、筆者の論じるケアは、自己中心性ではないが、利用者の願い・価値観といういわば非倫理的な申し出に寄り添うことに専門性のコアがあるとするものであり、第5章で例示している内容であるのです。ここでいう非倫理的な申し出とは、あくまでも個人的な、主観的な申し出への対応という意味であり、倫理に反した内容への対応という意味ではありません。「分かってはいるが止められない」といった、百害あって一利なしとさえ評価されうる個人的な喫煙に類することに対しても、当人がそうと知ったうえで実行したいという意思に対して容認できることを意味しています。生活の支援とは、理念的というよりまさに利用者個々人の生き甲斐・夢の実現への関わりを持つ内容であるのです。

2　介護の定義

前記「1　ケアの定義」でも述べられているように、これまでわが国においてはケアを介護と捉えてきた感があります。その意味で、介護の定義は多数ありますが、ここでは三つの定義を提示し、介護福祉の定義との差異を検討する際の基礎資料とします。

①介護とは「老齢や心身の障害による、日常生活を営む上で困難な状態にあ

る個人を対象とする。専門的な対人援助を基盤に、身体的、精神的、社会的に健康な生活の確保と成長、発達を目指し、利用者が満足できる生活の自立を図ることを目的としている」(一番ケ瀬1994：6)。

②「介護とは、障害が潜在的であると顕在的であるとにかかわらず、日常の生活を送る上で何らかの援助を必要とする人々に対して行われる補完的活動のすべてをいう。つまり、介護とは要援助者のADLを高めるための援助（介助技術）と、QOLを高めるための援助（援助技術）の総称である」(田中2005：23)（代用・補完論）。

③「介護とは、介護という『関係』のうえに成り立つ援助の行為表現をいう。健康や障害の程度を問わず、医・食・住の便宜さに関心を向け、その人が普通に獲得してきた生活の技法に注目し、もし身の回りを整えるうえで支障があれば、『介護する』という独自の方法でそれを補うという形式をもって支援する活動である」(中島2000：33)。

3　介護福祉の定義

　介護福祉の定義として明確に論じられているのは少ないですが、介護の定義との比較検討資料として、2例を提示します。

　①'「介護福祉とは、高齢者および障害者（児）に対して、日常生活における自立支援の実践を通して、生きる意欲および尊厳を護り、自己実現を目指した包括的援助を行うことである。そのため介護福祉の援助実践は、専門的知識、技術、職業倫理を基盤に、生活援助を主体として、身体的・心理的・社会的な側面から援助することである」(國定2005：6)。

　②'介護福祉は「高齢者及び障害者・児等で日常生活を営むのに支障がある人々が、自立した生活を営み、自己実現が図れるように、対人援助、身体的・社会的・文化的生活援助、生活環境の整備等を専門的知識と技術を用いて行うところの包括的（総合的）日常生活援助のことである」(西村2006：46)。

4　介護・介護福祉の定義から見えてきたこと

　一番ケ瀬の「介護」の定義①と、西村の「介護福祉」の定義②'の両者について比較してみると、次のようになります。援助対象者は、①では老齢や心身の障害による、日常生活を営む上で困難な状態にある個人となっており、②'

では高齢者及び障害者・児等で日常生活を営むのに支障がある人々となっています。援助目的は、①では身体的、精神的、社会的に健康な生活の確保と成長、発達を目指し、利用者が満足できる生活の自立を図ることとし、②'では自立した生活を営み、自己実現が図れるように、対人援助、身体的・社会的・文化的生活援助、生活環境の整備等を行うところの包括的（総合的）日常生活援助のことだとしながら、援助者に対して、①では専門的な対人援助が基盤にあることとし、②'では専門的知識と技術を用いて援助ができることとしています。このように、介護・介護福祉の定義において、さほどの違いは見受けられません。つまり、多くの著者たちの間で、介護と介護福祉の概念区別は曖昧に用いられてきているということです。「2　メイヤロフのケアと日本語表記による分類」で論じましたように、両者を明確に区別する場合、これまで見た何人かの著者たちの定義はすべて狭義の意味での介護、すなわち「介護福祉」についての定義だということが分かります。では、広義の意味での介護すなわちケアに合致する「介護」の定義はどのような内容になるのでしょうか。広義の介護にあたる「介護」の定義を筆者なりに示すと、次のようになります。

　介護とは、困難を伴っている、または困難な状況にある人や生き物に接したとき、対象のその困難さを解消する手助けをしようとして湧き上がる自然な情動をいいます。ここで言う情動とは、手を差し伸べることであり、相手に対して思いを遣るということであり、気遣いなどの実際的な支援を含んだ目に見える動きのことです。

　このように、専門性を求められる介護福祉をも含んだ広い意味での介護とは、対象者に対する気付き、心の動きであると同時に、世話する、手を差し伸べるという現実的実践を含む内容となっていることが肝要です。以上のように、ケアに対応する概念としての「介護」と、介護のなかでも専門性が求められる「介護福祉」の違いを明確に区別することには意味があります。

　当分、専門家の実践内容に対して「介護」・「介護福祉」の名称が混在して用いられると思いますが、最終的には（介護福祉士の養成課程が4年になった暁には）看護同様介護と称すべきです。

　図3-1、図3-2に見るように、看護にしても大工にしても、専門家の実践する内容に対して看護、大工と呼び、一般的に素人のする内容に対しては接頭語をつけ家族看護、日曜大工などと称し、両者を区別しています。

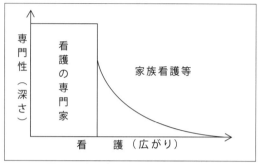

図3-1　専門家による看護と素人看護

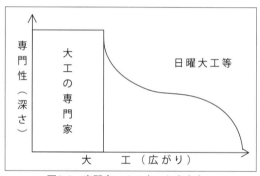

図3-2　専門家による大工と素人大工

　ところが、図4に見るように、専門家の実践する介護を介護福祉と呼び、素人のする介護に家族、老老等の接頭語をつけて称するとなると、両者の実践する内容は共通の基盤を持たない別々の内容となってしまいます。

第1章　定義に見る介護の専門性（家庭的介護と専門的介護）　25

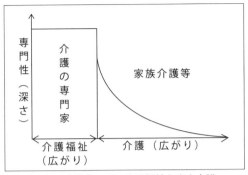

図4　専門家による介護福祉と素人介護

　そのような不都合をなくす意味からも、図5に見るように、専門家の実践する介護を介護と呼び、素人のする介護に家族、老老等の接頭語をつけて称することで、両者ともに介護と呼ぶことになり混乱が生じることはなくなります。それゆえ、最終的には介護福祉は介護と称するのが妥当です。だが、本論文では両者の区別を論じているのですから、介護福祉と介護の両者を用いることにします。

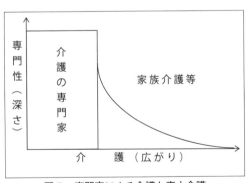

図5　専門家による介護と素人介護

第2章

介護福祉士に求められる専門性

　1987年に成立した「社会福祉士及び介護福祉士法」第2条第2項において、介護福祉士は次のように定義されていました。「この法律において『介護福祉士』とは、第42条第1項の登録を受け、介護福祉士の名称を用いて、専門的知識及び技術をもって、身体上または精神上の障害があることにより日常生活を営むのに支障があるものにつき<u>入浴、排せつ、食事その他の介護</u>を行い、その者及びその介護者に対して介護に関する指導を行うこと（以下「介護等」という）を業とする者をいう」

　それが、2007年12月の法改正により下線部が「心身の状況に応じた介護」へと改められました。[1]この定義から見えてきた専門性とは①専門的知識及び技術があり、日常生活を営むのに支障があるものに対して②その人の心身の状況に応じた介護が実践できることであり、③その者及びその介護者に対して介護に関する指導を行うことができること、ということができます。以下に、①〜③

1　社会福祉士及び介護福祉士法の改正では、「定義規定の見直し」の他に「義務規定の見直し」がなされ、「個人の尊厳の保持」、「自立支援」、「認知症等の心身の状況に応じた介護」、「他のサービス関係者との連携」、「資格取得後の自己研鑽」などが新たに規定されています。併せて、2012年から資質の向上を図るため、すべての者は一定の教育プロセスを経た後に国家試験を受験するという形で、資格取得方法を一元化することが決められたのですが、この件は2015年度まで延期となりました。それは、さらに1年間の延期となりました。

に関して、具体的に論じます。

第1節　介護の専門性としての「介護福祉援助技術」

　水上によれば、「介護福祉士養成教育開始当初に指導者として『看護師』が中心的であり看護教育をもとに教育が開始され、『介護福祉士』養成の中には看護教育からの指導内容が多く取り入れられてきている。『介護』の対象として考えると、……『在宅介護』、……『施設介護』、……『看護からの介護』と、多角的な視点を要する『介護』が必要であり、……『介護福祉士』の教育に求められていた」（水上2007：89）。また松本は、「介護福祉学は、社会福祉、看護、家政などのクロス領域であるといわれ、学際的な分散知識の集合体を形成して総合的な研究の可能性を示してはいるが、やはり、その理論的裏づけがいまだ十分とはいえない」としながらも、「介護職の専門性とは何かといえば、暮らし全般を支える知識と技術、そして精神性（心）を兼ね備えたものに他ならない」と述べています（松本2011：6-7）。介護独自な専門性について、誰が見ても了解できるように単純に図式化する必要があります。それを試みたのが図6です。この図6こそ介護のコアである専門性であり、介護を学んだ介護福祉士を専門家として社会に認知してもらうための介護の援助技術なのです。介護福祉と介護の概念については、前項で詳細に論じましたので、ここではとりあえず介護福祉の専門性と称することにします。理由を次に示します。

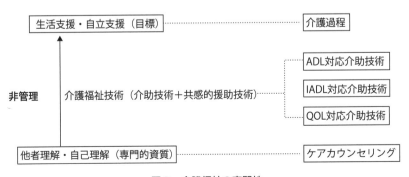

図6　介護福祉の専門性

＊目標のない援助は専門的介護とはいえない。
＊非管理・共感的援助の伴わない援助（介助）は、たとえ目標があっても専門的介護とはいえない。
＊専門的資質のない人による援助（介助）は、当然専門的介護とはいえない。

　暮らし全般を支える知識と技術とは、利用者の生活と自立を支援する知識と技術です。利用者の生活・自立の支援は、適切な支援目標が設定されることによってはじめて可能になります。それゆえ、援助者の自己満足でない利用者主体の支援には、適切なアセスメントに基づく介護目標が設定されることになります。ここに、介護過程という介護福祉独自の技能、専門性があるのです。このことによって意図的な援助活動である介護過程ゆえに科学的裏づけがなされることになり、これまでなんとなく経験的に実践されてきた介護支援が、意味を持った援助へと高まることになります。
　また、アセスメントによって求められた目標を実現するためには、利用者が求める支援（利用者はこれらのことができないゆえに援助を求めるのであり、そのことによって、介護福祉の関係性が生じることになる）を適切に提供できなければなりません。
　生活への支援、自立への支援である介護において、求められる具体的な技術は、直接的身体的な日常生活動作（ADL）に対応するところの介助技術です。また、日常生活を送るうえで手段的に求められる動作（IADL）に対する介助技術も求められます。さらに、人は生き永らえるために生活しているのではなく、夢の実現目指して、生き甲斐を持って生活することを望んでいるのであり、その利用者の自己実現に寄り添う（QOLに対する介助）技術を身につける必要があります。これが介護福祉技術という専門性です。
　ところで、介護福祉士に求められる精神性（心）とはどのようなものをいうのでしょうか。援助者である介護福祉士は、自分がどのような人間であるのか、自己について覚知している必要があります。と同時に、援助を求める利用者がどのような人生を送ってきたか、または送りたいのかを適切に把握できなければなりません。ワーカビリティ[2]が低下している利用者に接して、利用者の望む

2　ヘレン・パールマンによって提唱された、クライエントが援助者の働きかけに応えられ

であろう自立につながる生活を支援することは、心根の優しさだけでできるものではありません。カウンセリングマインドが求められます。ここに介護の専門性があるのです（田中2012b：28）。

第2節　介護福祉援助技術における直接援助技術

　介護福祉援助技術に直接援助技術がありますが（図7）、介護福祉のコアである専門性は当然この直接援助技術の中にあることになります。直接援助技術として①介護福祉技術、②介護過程、③ケアカウンセリングの3つを挙げましたが、これらは唐突に導入したのではなく、図6の内容に連動しています。

図7　介護福祉援助技術の体系図

　つまり、介護福祉を行う上での他者理解・自己理解につながる技術がケアカウンセリングであり、生活支援・自立支援という目標を設定し遂行するために必要とされる技術が介護過程であり、個々の生活支援を実践するために行われるサービスが介護福祉技術です。専門的介護福祉を実践するためには、目標としての生活のあり方を明確にするために他者理解が必要です。また、他者理解のもとに行われる援助が適切な援助となるために、サービスを実践する当事者としての自己理解が求められます。このような援助者が、利用者の目標である生活支援を実践するために行われる行為すなわちサービスが、介護福祉技術です。したがって、当然そこには強制的な説得を中心とした援助行為は含まれず、また、残存能力を消失させるような過保護的援助も除外され、共感的で要援助

るような能力のことで、知的、情緒的、身体的の3つの能力があります。基本的にワーカビリティが欠けている人と個別援助技術関係は成立しえず、クライエントとなりえないといわれています。

者に寄り添うような内容の橋渡しのもとで援助者と要援助者が結ばれます。このように、専門的資質を持った援助者による生活支援という目標に添い、非管理・共生的援助活動が実践されることが専門的介護・専門的介護行為というのであり（田中2005：29-34）、専門性のコアとして認識できるものです。

　以上のことを別の視点から論じると、つぎのようになります。つまり、①要支援レベルの人に一部介助技術を持って支援したとすると（たとえその技術が一部介助技術としては100％適切な介助技術ではあっても）、その技術提供は間違った援助内容となります。なぜなら、利用者の残存能力を消滅させ、自立とは反対に、介護量を増やすことになるからです（このことは、百人百様の介助技術を教育することは不可能であることを意味しています。逆に言えば、見守り技術と、一部介助技術、全介助技術から、すべての利用者の状態像へいかにして対応できるか、機に臨んで応変させることのできる能力が求められていることを意味しています。ここに、プロの介護福祉士に求められる専門性が含まれています）。

　②たとえ適切な生活・自立支援に向けて、100％適した介助技術が展開できたとしても、利用者の意向をないがしろにした介助はいわゆる医学モデル的支援であり、生活モデルの支援とはいえません。なぜなら、利用者の意向に添わない援助からQOLの向上は望むべくもないのです。サービスの受け手は利用者であり、まさに生活は利用者のものであるのだから。

　③このことは、援助者に強い自己抑制力を求めるのです。援助者の価値観とは異なる価値観に寄り添わなければならない、援助者の価値観からは許すことさえできないと思われる内容に対して、援助の手を差し伸べることのできる哲学的意志を持たなければならないことを意味しています。この姿勢がコアである専門性であり、単に専門的援助を持って良しとしないプロの介護福祉士の使命です。

1　直接援助技術としての介護福祉技術

　生きるということに関していえば、「生活行為の束」は、人生目標・自己実現等を目指す「目的としての生活行為」と、目標を達成するために身体的・精神的に安定した状態を保つための「手段としての生活行為」に分けられますが、QOLへの対応は「目的としての生活行為」であり、ADL・IADL対応は「手段

としての生活行為」への対応ということになります。つまり、介護福祉技術の目標は、要援助者が自己実現等を目指そうとして生きるための「目的としての生活行為」への援助と、「手段としての生活行為」への向上を目指したものということができます（田中2009：58-61）。ここで、誤解を恐れずにいえば、この技術のうちADL・IADL対応介助技術に関しては、専門家にしかできない技術であってはならず、一般の人々に実践可能な技術でなければなりません。なぜなら、介護保険制度における要介護者の8割が在宅であるという事実。そして家族介護プラス介護保険サービスで生活し続けているという事実があります。このことが一般社会の人々や他の専門家に対して、"介護は素人にもできる仕事であり、専門性を必要としない"という錯覚を与えることに結びついてきましたが、それはあくまでも錯覚に過ぎません。

　一般的に、介護援助は障害児・者の身内や、高齢者の配偶者や親族が提供するのがほとんどです。その意味で、プライベートな場所で行われる技術が、専門的技法を学んだものにしかできない内容であってはなりません。これは、当然のことです。では、専門家である介護福祉士のADL・IADL対応介助技術と家族等の介助技術に差異はないのでしょうか。素人も専門家も同列に論じてよいのかというと、そうでもありません。差異は以下の点にあります。

　専門家である介護福祉士は家族介護者とは異なり、要援助者がどのような心身状態の人であっても、どれほど気難しい人であっても、誰に対しても適切なケアを提供することができます。さらにいえば、自分がサービスを提供できるだけでなく、家庭における援助者と要援助者の身体的、年齢的、精神的状況等を理解した上で、両者に適した介助方法を指導できる技能を持ち合わせているということです。

　ADL・IADL対応介助技術そのものは素人にも対応できるような内容へとアレンジしなければならず、それゆえ専門性はいらないように思われがちですが、家族だけでなく、どのような利用者に対しても平準化した技術を提供できるか否かで専門性の必要性が生まれます。あたかも、日曜大工とプロの大工による作品の出来ばえに違いが生じるように。

3　厚労省「平成24年度介護保険受給状況報告（年報）」の概要では、認定者561万人のうち370万人（81％）が在宅で介護を受けています。これは第1号被保険者（3,094万人）のうちの12％に相当します。

次いでQOL対応介助技術の専門性について論じますと、介護をはじめ、社会福祉の目標とする生活支援はきわめて個別的なものであり、模範解答なるものはありません。社会の規範を逸脱しない範囲において、個別的である支援の方法は千差万別です。そのために、援助者には利用者の生活歴を重視する視点が求められるのであり、他者理解できることが重要な前提条件となります。ここにQOL対応介助技術の難しさが隠されています。

しかし、利用者が望む生活は千差万別であり、定型化できない生活への援助技術であるゆえに、介護福祉技術（とくにQOL対応介助技術）は非科学的であり、専門性が低いものであるという評価が他の学問からなされることがありますが、これは、介護に対する認識不足を示しています。

このことは、川喜多のいう、「現場の科学」に対する偏見と類似しています。「科学イコール実験科学であるという一つの大きな錯覚が、現場の科学の発達を歪曲している……。『現場などを扱っても科学にはならない』とか、現場はただ単に科学の『応用』を受けるだけであるとか、現場の観察などというのは素人くさい未発達な科学に役立つに過ぎないとか、こういう錯覚や偏見が充満している」（川喜多2002：20）。誕生まもない介護においては、もっと現場における活動を分析し、その中から介護の骨組みを構成すべきです。このことが、以下の介護過程です。

2　直接援助技術としての介護過程

介護過程とは、援助者が利用者にどのように向き合い、意図的にどのような援助をするのか客観化することです。その意味で、介護過程は①の介護福祉技術が適切に要援助者の意向に添っている内容となっているかを客観的に検証できる内容となっていなければなりません。介護過程は在宅・施設の別を問わず展開されるものですが、サービスが提供される場によって、また要介護者の発達段階によって、援助過程に差異が生じることを認識していなければなりません。サービスの提供される場や発達段階によって、目標の設定が異なってくるからです（この発達段階の捉えかたや目標の設定の差異ゆえに、介護福祉士による援助実践の方法論において差異が生じます。この差異への対応に必要なのが後述するケアカウンセリングですが、この点については第4・5章で詳細に論じます）。そして目標の設定が異なるゆえに、提供される介護サービス内容に

差異が生じます。この点において、直接援助技術である介護過程と、社会福祉援助技術における関連援助技術であるケアマネジメントの方法論に差異があることが示唆されます。しかしここでは、老人福祉施設における介護過程の専門性に焦点を合わせて論じることとし、ケアマネジメント[4]との差異については示唆するに留めます。

　①アセスメント：介護過程におけるアセスメントでは、情報を収集し、収集した情報を分析・解釈することで浮かび上がった困りごと、すなわちニーズは、介護専門職が主体的に関わる課題もしくは他の専門職と連携して関わることになる内容です。これに対し、ケアマネジメントにおけるアセスメントでは、あらゆる社会資源を考慮した上で対応しようという点に力点が置かれます。介護過程においては、介護を実践する上での根拠をアセスメントに求めています。提供されるケアが援助者の独りよがりでないことをアセスメントのなかに見出すのであり、ケアをマネジメントしようとしてアセスメントしているのではありません。さらに言えば、人は「分かってはいるが止められない」といった行為をするものであり、利用者の主体性を尊重するということは、この点をも容認した上での援助になるということです。ドウニーのいうように、「人は他者に影響を及ぼさない限り、合法的な権利として、不健康なままでいる権利（受容性の権利）もまた有しているから、強制することは法律によって禁じられている」（Downie＝1987：288）のです[5]。したがって、利用者の意向に添うような目標を設定するためにアセスメントを適切に行うには高い能力・技術を必要とします。さらに言えば、援助者の価値観を白紙の状態にして利用者の価値観に

4　ケアマネジメントについて、白澤は次のように述べています。「ケアマネジメントの定義は多様であるが、基本的には、『利用者の生活課題（ニーズ）と社会資源とを調整（コーディネート）、あるいは結びつけることにより、地域での生活を継続的に支援していくこと』と定義づけることができる」（白澤2003：2）。また、ジョアン・オームらは、「ケアマネジメントはソーシャルワークの一形態であると同時に、社会サービスの一形態でもある。つまり、それはクライエントとともに問題を解決し、クライエントと関係をつくる方法、クライエントの参加と選択、そしてサービスのプランニングと供給に関わっているからである」（Orme, Glastonbury＝1999：20）と述べています。

5　このほかにドウニーは、理想価値と選好価値について論じていますが、「人が理想価値を持つ場合には、自分自身と同様に、それによって他者をも審判する」のだとして、他者の主体性に介入する危険性に気づく必要性を論じています（Downie＝1987：16）。一般的に、人は日常生活において、善意のお節介で（多様な価値観を考慮することなく）他者を傷つけているのに気づかないものです。

寄り添うためには、介護のコアである専門性を必要としているのです。

　②介護計画の作成：アセスメントによって浮かび上がった、利用者の生活を送る上での困りごとから引き起こされる内容を、課題として抽出します。このとき、設定される目標（長期目標は最終ゴールという意味であり、短期目標は最終ゴールに到達するためにクリアすべき段階的内容という意味です）は、アセスメントによって浮かび上がった困りごとの解決した状態です。目標が達成されるためには、誰がいつどのように対応し、ある段階をいつまでに解決し次の段階へ移行していくかという援助内容が明確になっている必要があります。

　③介護計画の実行：提供される介護サービス内容は、計画にのっとったものでなければなりません。ただし、同じ利用者に対しても、援助者の身長や体力によってサービス提供の仕方に差異が生じるので、その点を考慮した介護福祉技術の実践でなければなりません（ここに、他の専門職にない介護の独自性があります。援助者と利用者の関係性を無視して同一援助技術・方法を用いることは事故につながることがあり得ます。課題に対する援助内容・方法が、一つに統一されないことが起こり得るのです）。

　④評価：利用者の満足度の評価、生活改善の効果の評価という意味であり、提供されたサービスの反省につながる内容であり、発展的なアセスメントにつながるための評価という意味です（利用者の穏やかな生活という判断によって客観的な評価は可能です）。

　以上見てきましたように、介護過程とは、アセスメントで集めた情報・事実から要援助者の身体状況・精神状態を正確に把握し、さらにそれまでの生活歴等から、要援助者の「目的としての生活行為」の向上を目指して①の介護福祉技術を適切に結びつけることです。

　介護過程は、介護福祉士養成施設において新カリキュラムの中、講義・演習で150時間の枠組みが設定されているように、介護福祉士に必要な専門性だという位置づけが明確になっています。このことをみても、介護過程には直接援助技術として介護独自の専門性が含まれていることが了解できると思われます。

　介護過程は、ゴードンが看護過程について述べている内容と類似しています。ゴードンによれば、「看護過程は、問題を確認し解決する方法である。……人間の価値観が問題確認と問題解決の双方に影響して」（Gordon＝1998：11）おり、看護過程は大きく分けると「問題確認」と「問題解決」の2つがあります。「問

題確認」にはアセスメントと診断の２つの要素があり、「問題解決」には、成果の立案・介入・成果の評価の３要素があります。またゴードンは看護過程を臨床判断の視点から、①診断についての推論と判断、②治療についての推論と判断、③倫理についての推論と判断が必要であるといっています（Gordon＝1998：12）。

　これらを介護過程に当てはめてみると、次のようになるでしょう。「問題確認」はニーズ発見もしくは利用者の訴えであり、「問題解決」は設定された目標に対するサービス提供となります。また、アセスメントはアセスメントに、診断はニーズ抽出（課題分析）に、成果の立案は介護計画作成に、介入は介護サービス提供もしくは介入に、成果の評価は利用者の満足度の評価・提供されたサービスの反省につながります。診断についての推論と判断はニーズ抽出の方法・ニーズ選定につながり、治療についての推論と判断は利用者の主体性・価値観の尊重、倫理についての判断は社会規範の逸脱の有無の確認につながります（田中2006：78-79）。

　福祉的ニーズとは何を指すのでしょうか。山崎は、「ニーズとは、一般的に人々が日々生命を維持し、社会生活を営むうえで充足されるべき基本的に必要なものを意味する」と述べ、「ニーズは生理的ニーズと社会的ニーズ、貨幣的ニーズと非貨幣的ニーズ、顕在的ニーズと潜在的ニーズ、物理的ニーズと情緒的ニーズなど、その性質を多面的にとらえることができる」（山崎2013：352）としています。しかし、このような説明だけでは、ニーズの本質に関して曖昧で十分に表現されていないと思われます。もとより、ニーズとは要援助者側にとってなければ困るほど切実な問題であり、それゆえ援助者側には“してあげる”という感覚が生まれることになるのです。

　ゴードンは、「看護診断が最初に臨床で用いられたのは、主に慢性疾患や障害をかかえたクライエントのケアの領域であった。この領域では医師処方の介入の余地は少ない」（Gordon＝1998：3）と論じています。まさに、介護は生活支援を提供するケアの領域における実践学であり、他の専門職の介入する余地は比較的少ないのです。奈倉は、医療と介護の違いについて次のように述べています。「医療が健康の回復・維持に価値を置くのに対し、介護福祉は自律的生活・人権尊重に価値を置く。方法においても、医療では、身体と精神に積極的に介入して、病態や機能の改善を目指す。それに対し、介護福祉では、できる

限り心身に介入せず、利用者が生活しやすくなるよう一人一人の社会環境を整備すること、その整備をめざす介護者と利用者との交流を通して、自律的に生きる意欲が高まる支援をすることをもくろむ」（奈倉2013：2）。

　専門家による介護は、医療等との違いを認識した力量のある実践家によって行われる介護をいいます。そうであってこそ、介護福祉士は、介護の専門家としての社会的認知をより明確に得ることができるようになるのです。

3　直接援助技術としてのケアカウンセリング

　ケアカウンセリングは、①の介護福祉技術を実践するときや、②の介護過程におけるアセスメントのときや介護計画を実践するときにも欠かすことのできない技術で、介護の基底を流れている技術です。ケアカウンセリングは援助者が自己を客観的に眺めることができ、適切に介護サービスが提供できるようになるための基本的技術です。

　ケアカウンセリングにそのような目標があり、適切に介護サービスが提供できるようになるための基本的技術であると仮定すると、カウンセリングとの差異はどこにあるのか。この点が明確にならないうちは、直接援助技術そのものの体系図が成立しえないことになります。そこで、ケアカウンセリングとカウンセリングとの差異について検証します。

(1) ケアカウンセリングとカウンセリングの差異

　スチュワートは、人間について次のように述べています。「人は誰でも、重い脳障害を受けたときは別として、考える力を持っている。だからこそ、自分の人生に対して何を期待すべきか決定する能力を身につけているのである。人は決断の結果として、必然的に人生に対する最終的な責任を負っている」(Stewart 1989：2)。

　しかしながら、介護サービスを利用する人々には認知症高齢者をはじめ、ワーカビリティの低い人が多くいます。介護サービスを必要とする利用者のそのような特性を考慮したとき、カウンセリング理論をそのまま介護に用いることには無理があります。なぜなら、國分によれば、「カウンセリングとは、言語的および非言語的コミュニケーションを通して、相手の行動の変容を援助する人間関係である」（國分2003：3-16）からです。

カウンセリングの本質はクライエントの自己変容を促すことです。つまり、自己変容が促されることを期待して利用者に接するところにカウンセリングの本質があります。しかし、介護福祉士の本質は利用者本人が望むような生活ができるように環境を整えたり、利用者本人に直接的援助をするのが主目的であり、利用者の自己変容を促すことが主目的ではありません。

　概念的な言葉の意味の通じない知的レベルの低下した認知症高齢者ではあっても、生活の知恵的な情感の残っている利用者に接するのが業務である介護福祉士に求められる技術は、カウンセリングではなくケアカウンセリングです。利用者の自己変容を直接的に促すことでない範囲で利用者の状況に対して関わるのが介護福祉士であり、用いるマインドはカウンセリングのマインドですが、カウンセリングマインドのベクトルを変える必要があります。それがケアカウンセリングです。

　図8に示すように、カウンセリング・ソーシャルワークとケアカウンセリングの差異は、同じマインドではあっても、ベクトルが前者は外向き、利用者へ問いかけることを主眼とする方向性であるのに対して、後者は内向き、援助者自身を変えようとして自分へ問いかける方向性というベクトルの差異です。これは、介助技術に関して看護と介護福祉に違いが生じていることと同様です。つまり、「看護における介助があり、介護における介助がある。前者は療養上の介助（排泄・食事・体位交換等）であり、後者は日常生活動作の介助（排泄・食事・体位交換等）である」（田中2003b：5）。同様に、カウンセリングにおけるマインドがあり、ケアカウンセリングにおけるマインドがあります。前者は利用者の変容を促そうとして利用者にマインドを向けますが、後者は援助者である自己の変容を促そうとして援助者自身にマインドを向ける（もちろん利用者を知ろうとしてマインドを用いることがあるのは当然ですが、それはあくまでも他者理解を主目的としており、そこから一歩進めて利用者に何らかの変容を促す働きかけを目的とするのではない）のです。専門性を持った介護福祉士とはいえ多様な価値観を持っており、チームケアを有効におこなうために意思の統一を図る必要があります。多様な利用者の価値観に寄り添うために、多様な価値観を持った介護福祉士の援助方法を統一して利用者に向き合わなければなりません。共通認識・共通理解するために、援助者自身にマインドを向けるのです。

図8 カウンセリング・ソーシャルワーク・ケアカウンセリングにおける
　　　カウンセリングマインドの方向性の差異

　しかし一方で、高齢者とはいえ、多くの対象者がワーカビリティの低い人とは限りません。ここで考えなければならないことは、介護福祉士の仕事の本質です。介護福祉士はカウンセラーではありません。あくまでも生活支援者です。生活を支援することに第一義的な目標をおくのであり、利用者の自己変容を促すことを第一義として生活を支援するのではありません。利用者の自己変容を促す必要があるのなら、その部分は専門家であるカウンセラーにお願いすることが妥当です。「介護の発生するメカニズムを考えてみるとき、何らかの困窮があり、その困窮を困窮と感じる人（以下、『利用者』または『要介護者』という）がいてはじめて、介護が発生するのです。たとえ、第三者的には困難な状況にあるのではないかと思えても、当人がそれを困窮と感じない限りにおいて、介護は発生しない」（田中2003b：2）のですから。ワーカビリティの低くない一般の高齢者であっても、介護を求めてくる限り、介護福祉士のカウンセリングマインドは援助者自身に向けられたマインドでなければなりません。
　以上のことを図式化すると、図（図9-1、9-2）のようになります。

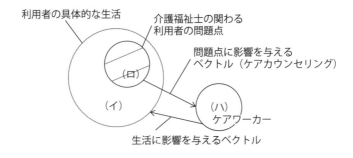

図9-1　介護福祉士の関わる利用者の問題点と生活との関係

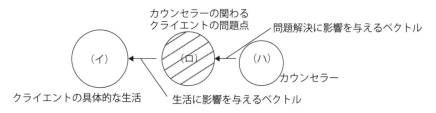

図9-2　カウンセラーの関わるクライエントの問題点と生活との関係

＊利用者・クライエントの具体的な生活（イ）に影響を及ぼす問題点（ロ）の解消もしくは縮小を目指してケアワーカー・カウンセラー（ハ）はそれぞれの専門性を発揮していますが、両者の問題点への関わり方に差異があるのが分かります。関わり方とベクトルの向きにより、両者の違いが明確になっています。

(2) ケアカウンセリングとソーシャルケースワークとの差異

リッチモンドは、その著 "WHAT IS SOCIAL CASE WORK?" で、ソーシャルケースワークを「ソーシャルケースワークは人々と社会環境との間で、人それぞれの事案を、意識的に調整することを通して自我を発達させる諸過程から成り立っている」(Richmond1922：98) と定義しています。

またミルナーらによると、ソーシャルワークはさまざまな理論等を前提にしているとして、次のように述べています。「ソーシャルワーカーは、社会学から心理学にいたるまで広い範囲にわたる理論を学び、それに精通している。人の発達の側面に関して、例えば、愛着と喪失、人間の発達段階、パーソナリティ発達理論、人間の欲求階層と、知的発達、道徳性の発達、などの心理学研究も含めて、有り余るほどの研究成果がある。社会学は社会の階層、権力と抑圧を理論的に洞察し、一方で社会心理学から、例えば、グループの意思決定、組織ダイナミックス、などがある。家族発達サイクルも、逸脱と犯罪や、精神的な疾患等と同様に研究されている。さらに法律と権利の知識がある」(Milner, O'Byrne＝2001：49-50)。

ソーシャルケースワークにおいては、社会資源としての制度・専門知識を大いに活用した上でクライエントのパーソナリティを向上させ、クライエントが自力で社会生活を送ることができるようにすることに専門性をおくのであり、カウンセリングとは異なる内容になっています。

以上見てきましたように、介護福祉の原則では、クライエントをあるがままに受け入れるので、カウンセリング技法・ソーシャルワーク理論をそのまま用いて要介護者に対応するのは困難を伴います。
　というのも、高齢者ケアにおいて、特に認知症に対するケアにおいては、BPSD[6]といわれる認知症の周辺症状から引き起こされる生活の困難さへの関わりが中心となり、交流分析でいうところの行動様式の変化を促す働きかけを積極的に行うことはありません。残された情感への働きかけをすることで、精神的な安寧をもたらすことを期待しているのです。もちろん、行動様式の変化として精神的な安寧が生まれることがあるというのも事実ですが、介護福祉士は認知症の高齢者が自らに行動様式の変化を促すことを期待して生活支援するのではなく、認知症の中でも穏やかに生活できるように援助者が環境等に配慮することで、結果的に利用者に変化をもたらしたという形式を期待するのです。
　要援助者の行動変容を一義的に期待するのでなく、介護福祉においては要援助者が望む場所で望むような生活が送れるように直接・間接的に要援助者に接するのであり、行動変容がなされたとしたらそれは二義的になされたのであり、それが介護福祉の主目的ではありません。ソーシャルワークに関して、以上のことを図式化すると図9-3のようになります。

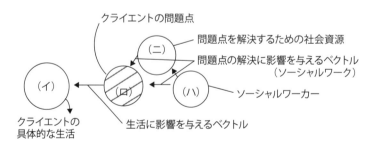

図9-3　ソーシャルワーカーの関わるクライエントの問題点と生活との関係

＊クライエントの具体的な生活（イ）に影響を及ぼす問題点（ロ）の解消もしくは

6　旧来から使われていた周辺症状の意味ですが、心理症状と行動障害を合わせた概念として表現されています。初期の不安や気分の落ち込みが中等度になると幻覚や妄想などを引き起こし、介護困難を生んでいるのです。

縮小を目指してソーシャルワーカー（ハ）は専門性を発揮しているのですが、そのとき、ケアワークやカウンセリングにはない社会資源（ニ）を準備しているのが分かります。ベクトルの向きとしてはカウンセリングと同様ですが、援助方法において両者の違いが明確になっています。ケアワークとの違いは、ベクトルの向きの差異になって現れます。

第3章

介護福祉士と養成課程

　養成教育において、介護福祉の専門性はどのように教育されているのでしょうか。第1章で、介護の専門性と介護福祉の専門性が同義であることを明確にしてきましたが、それはこの考えがいまだ一般的な考えとはなっていないからです。そこで、これまでの養成教育で介護福祉の専門性がどのように教育されてきていたのか、主に使用されてきたテキストを分析することで明らかにしてみたいと思います。

第1節　テキストからみる養成教育における専門性

　新版介護福祉士養成講座『介護概論』（2006）では、第2章介護の概念の第3節において、「介護の専門性」という枠組みでⅠ～Ⅴ項に分け次のように論じています。
　「Ⅰ　専門性とは何か」では、多様な利用者の介護ニーズに対応できるために専門的知識と高度な技術を学習、体得してそれらを活用できる実践能力を身につけなければならない。さらに、「専門家」とは特定の学問分野や領域あるいは特定の事柄などを専門に研究・担当し、それに深く精通している人の総称として用いられており、一般的に医師や弁護士が該当する。そして、これらの専門家には専門性が存在していることが認められている。専門性に求められる条件

として①体系的理論、②社会的承認、③固有性・独自性の確立・専門性を深める、④倫理綱領をあげていますが、これらの中から介護のコアである専門性はこれだ、と学生に明快に了解させる具体的な内容は見当たりません。

「Ⅱ　介護福祉士養成教育にみられるもの」では、介護福祉士は福祉に関する理念および施策、対人援助の原理・原則及び技術に関する日常生活の援助、利用者の自己実現・QOLの確保または向上、ウェルビーイングを図ることを目的としており、ここに専門性が存在するとしていますが、これから介護福祉援助技術の専門性をイメージすることは困難です。

「Ⅲ　介護保険制度にみられるもの」ではケアマネジメントの展開方法の必要性を述べていますが、介護福祉士はケアマネジャーとしての任務に就くことが期待されているとして述べられているのであり、介護独自の専門性の有り様が明確になされているわけではありません。

「Ⅳ　利用者の求めているもの」では、介護福祉士が主として関与することになるのは「活動と参加」及び「環境因子」に関わる個人的生活のすべてであり、医療関係者やソーシャルワーカーなどとともに連携を取り援助するとなっていますが、これが介護独自の専門性だと了解することは困難です。

「Ⅴ　その他に関したもの」では、介護福祉士は利用者の人権を尊重しながら生活を支援する立場にあるので、保健医療におけるプライマリヘルスケアに求められる要件と同じものが当てはまると考えられると述べられていますが、ここからも明確に専門性を読み取ることはできません。とはいえ、介護福祉の専門性のひとつであると論じてこそいませんが、第5章（170-193）で独立して介護過程を取り上げています。

社会福祉士養成講座『介護概論』（2000）では、介護福祉の専門性について具体的に論じている箇所は見当たりません。次のように論じているだけです。

1987年に制定された「社会福祉士及び介護福祉士法」により介護福祉士の資格を法律で定めたのは、社会福祉の増進に寄与できる専門性（倫理性、知識に基づく技術の適用、他職とのチームワーク）を有する職能団体に育ってもらうことにある。その意味では、偶発的必然として介護をわが家庭の営みとしている家族介護者並びにその家族など（広義の介護）と異なり、目的的な介護を指向した職業的な活動集団であり、狭義の介護と名づけられるものである。

また、介護は独自の方法を探求する必要があるとして、次の3点を挙げてい

ます。「一つは、活動している身体において害のない限り、自身の生活の技法をより活動的に働くようにさせること、二つは楽な身体環境を作ること、三つは快適な生活条件を作ることである」。

さらに、「専門性を追求すること」として、介護従事者に次のようなことを期待しています。介護従事者は、利用者にとって欠くことのできない人的資源であり、専門的職業として「在る」。人は生きていく、生きているという役割を持つことで周りの人を生かしているのだという人間観の追求を支援の根本におき、人々の生命力、生活力を実践の糧としてこたえていく能動的な専門的活動であることにプライドを持ってほしい、と。介護福祉士という国家資格保有者に対する期待は感じられますが、介護福祉のコアである専門性はこのようなものであるという具体的な内容はここにも見えません。

『介護福祉学』（介護福祉学研究会監修2002）では、日本学術会議による提案「ケアワーカー（介護職員）の専門性について」と題して、次のように論じています。ケアワーカーの専門性は、社会福祉に働く者としての倫理性、役割認識、社会福祉制度の理解そして医療関係者などとのチームワークが組めるだけの教養の必要性が求められています。しかし、これらのみで専門分化した介護の専門性ということはできません。これらは、直接生命と生活に関わる職種の専門性として位置づけられるべきものです。

第3章第2項「介護福祉業務の専門性の条件」では、専門性を確立するためには日常業務の中で次のような視点が必要だとして以下の7点をあげています。

（1）人間と生活の理解：「全人介護」のために人間を理解し、要介護者の生活様式や価値観を大切にしながら関わる必要がある。人間には生理的欲求や社会的欲求があることを理解することである。（2）介護理論と技術の継続的熟練：介護福祉士の専門性の中核は介護技術である。しかし、信頼関係を築き、介護効果を高めるためには①コミュニケーションの技法が必要である。また、「全人介護」するためには、要介護者の身体的状況だけでなく、心の問題をも見て取る②観察力が必要である。安全で快適な生活を送ってもらうために、③生活環境の整備、④福祉用具の知識と活用、⑤移動・運動の技法、⑥日常生活における基本介護の技法が必要だとしている。（3）介護過程の展開と評価力：介護を最善・効果的にするためには、①介護過程展開の基本が必要であり、②社会福

祉援助技術を活用することにより相乗効果を上げることができる。(4) 相談・助言の能力、(5) 緊急及び終末期ケア、(6) 関連職種とのチームケア能力、(7) スーパービジョンとアドミニストレーション（指導能力と管理能力）。

　また、第7章第1節第2項 (2)「専門職性についての諸見解」では、「ケアワークの範疇には身体介護技術・家事援助技術及びIADL中心の社会生活支援技術を位置付ける」とありますが、これが介護の専門性だというわけではありません。確かに、このテキストにおいては介護の専門性という曖昧模糊とした専門性を獲得するために必要な内容が論じられているにはいるのですが、「これがコアである専門性だ」と「専門性」について明快に論じられているわけではないのです。

　このように、介護の専門家である介護福祉士を養成する教育機関で使用されるテキストにおいてさえ、明快にコアである介護の専門性について論じているテキストはありません。このような状況の中で、明確な専門性を保持した真の意味の専門家が育つとは到底思えません。

　この点は、2015年度からの新たな国家資格のありように対する養成目標（図10）を見ても不明確さは変わらないままであることが分かります。

　『介護の基本Ⅰ』（介護福祉士養成講座編集委員会2009）においても、これが介護のコアである専門性だとして明確に論じている箇所はありません。「介護の専門性」の項で、「尊厳の保持」「生活の継続性」「高い倫理性」などの文言で専門性が論じられていますが、ここに介護の専門性があるのではなく、ここに介護の専門性もあると言うべきです。

　これまで、介護福祉士の専門性である介護福祉援助技術の体系化や体系図の構築が十分に検討されてこなかったと考えられます。介護という特定の領域における高度な知識と経験は、介護福祉援助技術の体系の下でなければ、明快に論ずることは困難です。

養成の目標

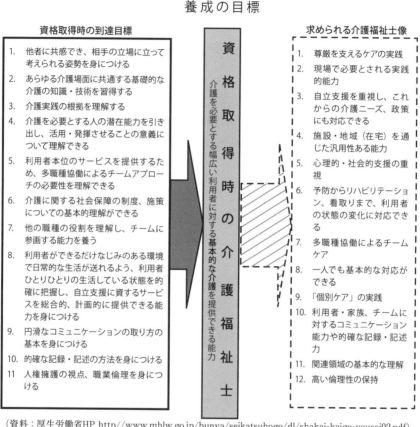

(資料：厚生労働省HP http//www.mhlw.go.jp/bunya/seikatsuhogo/dl/shakai-kaigo-yousei02.pdf)

図10　新たな国家資格のありように対する養成目標

第2節　介護福祉士の専門性と専門介護福祉士に見る専門性

　専門介護福祉士認定に関する研究会より提出された『専門介護福祉士認定に関する研究（2010年度報告書）』では、現行2年課程の養成内容に1,650時間追加教育することで認定専門介護福祉士誕生を期待していますが、果たしてこれで専門介護福祉士と認定することが妥当であるのかどうか。この点についての検証は、これまでなされてきませんでした。つまり現行2年課程（1,800時間）

の養成内容で、介護福祉士に求められるジェネリックな専門性を教育する教科は網羅されており、それゆえ1,650時間追加教育することで専門介護福祉士の誕生が可能になるという点について、論議されることはありませんでした。

というのも、すべての介護福祉士が専門介護福祉士になるわけではありません。とすると、そのような介護福祉士であっても、スペシャリスト的対応とまではいかないにしても、認知症ケアやターミナルケア等において、専門性を持った介護福祉士として、国試の受験資格はないが実務3年プラスさまざまな研修を受講している一般の現場職員より専門的対応ができるということを意味していることになります。

しかし、果たしてそうなのでしょうか。筆者は、「介護福祉士養成の現状と課題」と題して段階的な改正を伴いながらも、最終的には4年課程において介護福祉士の専門性は培われるべきことを2007年に論じたのですが、今般提出された『専門介護福祉士認定に関する研究（2010年度報告書）』では、その点が明確に検討されていません。

表1は報告書に案として提示された内容です。1,650時間追加教育のもと、これから認知症専門介護福祉士、ターミナルケア専門介護福祉士等の認定専門介護福祉士が誕生することになっています。しかし、これらの科目の多くは、次節3で論述しますように、介護福祉援助技術の直接援助技術修得に必要な科目の中に含まれるべきものです。さらにいえば、「介護福祉士養成の現状と課題」で論じたように、介護福祉士の専門性の意識に関して「さらに高めたいと考える専門的知識や技術」に関する問いに対して、次のような結果が提示されていました。

①認知症高齢者の介護知識・技術（48.1％）、②介護保険制度の理解と対応（30.2％）、③老人・障害者心理および自立支援の方法（29.6％）、④介護技術の実際（27.3％）、⑤ケアプランに関する知識・技術（26.3％）、⑥リハビリテーションの基礎知識（20.0％）。

これらの回答を見ても分かるように、介護現場の職員は専門介護福祉士になるための知識や技術ではなく、介護福祉士の専門性の一部としてこれらの知識・技術を身につけたいと考えているのです。

表1　専門介護福祉士養成カリキュラム

(1)基礎領域の教育カリキュラム(150時間)
・介護福祉論：30時間　・生活福祉論：30時間　・介護技術実習：30時間　・介護過程展開演習(事例研修)：60時間

(2)生活支援領域の教育カリキュラム(840時間)
・生活支援学：30時間　・生活支援技術論（認知症を含む）：30時間　・家族関係論：15時間　・家族支援技術演習：15時間　・生活環境論：15時間　・生活環境調整技術演習：15時間　・家政学（介護に必要な家政）：30時間　・家政学実践演習：30時間　・生活支援技術論Ⅰ(内科・外科疾病)：30時間
・生活支援技術演習Ⅰ：30時間　・生活支援技術論Ⅱ(神経疾患・難病)：30時間　・生活支援技術演習Ⅱ：30時間　・生活支援技術論Ⅲ(認知症)：30時間　・生活支援技術演習Ⅲ：30時間　・生活支援技術論Ⅳ(知的・精神障害)：30時間　・生活支援技術演習Ⅳ：30時間　・生活支援技術論Ⅴ(高次脳機能障害)：30時間　・生活支援技術演習Ⅴ：30時間　・生活支援技術論Ⅳ(終末期・緊急時対応)：30時間　・生活支援技術演習Ⅵ：30時間　・生活支援技術指導法：30時間　・生活支援技術指導法演習：30時間　・生活支援技術研究法(観察・評価、研究計画立案、論文作成、研究発表)：30時間　・生活支援技術研究法演習：30時間　・生活支援の医学：30時間　・解剖生理学：30時間　・生活支援の医療技術Ⅰ(摂食関係)：30時間　・生活支援の医療技術Ⅱ(排泄関係)：30時間　・生活支援の医療技術Ⅲ(呼吸関係)：30時間　・生活支援の医療技術Ⅳ(服薬・傷の手当て関係)：30時間

(3)運営管理（マネジメント）領域の教育カリキュラム（660時間）
・スーパービジョン概論：60時間　・スーパービジョン実践論(指導教育・技術指導・健康教育)：60時間　・職場環境論：60時間　・スーパービジョンの実践演習：90時間　・ケアマネジメント論：30時間　・生活環境論：30時間　・運営管理機能論Ⅰ(技術演習を含む)：90時間　・運営管理機能論Ⅱ(技術演習を含む)：90時間　・福祉情報処理・統計学：60時間　・地域福祉論：60時間　・実習教育論：30時間　・実習教育演習：60時間

　以上のことを勘案しますと、今回提出された専門介護福祉士認定基準の内容は、介護福祉士の専門性に必要な内容であり、現行の2年課程の養成を早急に4年課程にすべきことを示唆しているように思えます。その上で、スペシャリストとしての専門介護福祉士を認定すべきではないのでしょうか。筆者の考える、ありうべき教育システムのイメージ図は図11のようになります。

　つまり、4年課程の介護福祉士養成を基盤に、職能団体による専門介護福祉士の認証を位置づけ、専門介護福祉士というステップを踏んで認定専門介護福祉士に至る道と、ステップを踏むことなく直接認定介護福祉士に至る道を準備する（受験資格要件に実務経験3年以上を課すことでより充実した専門資格と

なる)のです。当然、専門介護福祉士で学んだ科目は読み替えを可能にすることで資格の向上が担保されることになります。

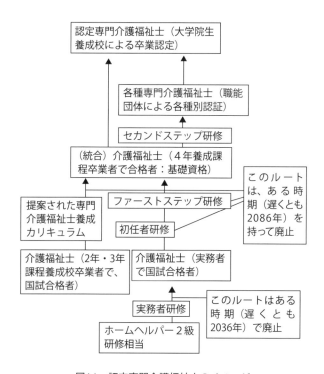

図11　認定専門介護福祉士のイメージ

＊2036年、2086年は、「社会福祉士及び介護福祉士法」が成立（1987年）して50年目と100年目です。遅くとも、法成立50年目で実務者の介護福祉士誕生は無くなり、100年目からは4年課程の介護福祉士誕生のみとなるという長期イメージです。

第3節　直接援助技術修得に必要な科目群と科目群を配置するために必要な時間数

介護のコアである専門性、すなわち介護福祉援助技術における直接援助技術

がどういうものであるかを明確にしてきましたが、この直接援助技術を身につけるために必要な科目群と時間数はどのようにあるべきかを表示しました。表2がそれです。

表2は筆者の大学における直接援助技術修得に必要な科目群と時間数をモデル的に示したものですが、①に関しては介護福祉コースを選択した学生のみが受講します。②は、大学の講座として他の社会福祉学科の学生と同様の科目をコース生のみで受講します。この①と②の合計（1,860時間：86単位）が2年課程の専門学校生と同様な科目群になりますが、これらの科目群だけではプロとしての介護福祉士に求められる直接援助技術のケアカウンセリングを身につけるには難しいものがあります。③（720時間：34単位）が大学の講座として他の社会福祉学科の学生と同時受講科目ですが、この③の科目群のソーシャルワーク演習Ⅰ～Ⅲと演習（ゼミ）の中でケアカウンセリングに必要とされるソーシャルワーク、スーパービジョン、コミュニケーション技術、カウンセリング技法が教授されているのです。

表2　直接援助技術修得に必要な科目群と時間数

介護福祉コース受講科目群（2年課程と類似の科目：①＋②）

- 生活援助技術Ⅰ・Ⅱ(60時間：2単位)・認知症の理解Ⅰ(30時間：2単位)・介護過程Ⅰ・Ⅱ(60時間：2単位)
- 生活援助技術Ⅳ(栄養・調理)(30時間：2単位)・生活援助技術Ⅲ(30時間：1単位)・手話(60時間：2単位)
- 発達と老化の理解Ⅰ(30時間：2単位)・こころとからだのしくみⅠ(30時間：2単位)・介護過程Ⅲ(30時間：1単位)
- 生きがい活動援助法Ⅰ(30時間：2単位)・実習指導Ⅰ・Ⅱ(60時間：2単位)・障害の理解Ⅰ(30時間：2単位)
- 生きがい活動支援法Ⅱ(30時間：2単位)・リハビリテーション論(30時間：2単位)・実習指導Ⅲ(60時間：2単位)
- 生活援助技術Ⅴ(被服・住居)(30時間：2単位)　・生活援助技術Ⅳ(栄養・調理実習)(60時間：2単位)・
- 生活援助技術Ⅴ(被服・住居実習)(30時間：1単位)・実習Ⅰ・Ⅱ・Ⅲ(450時間：11単位)（合計① 1,140時間：41単位）

- ソーシャルワークⅠ(30時間・2単位)　・ソーシャルワークⅡ(30時間：2単位)　・介護福祉特講Ⅰ(30時間：2単位)
- 社会福祉概論Ⅰ(30時間：2単位)・社会福祉概論Ⅱ(30時間：2単位)　・介護福祉特講Ⅱ(30時間：2単位)
- 心理学概論(30時間：2単位)　・介護福祉論(30時間：2単位)　・障害者福祉論(30時間：2単位)
- 医学一般(30時間：2単位)・高齢者福祉論(30時間：2単位)・権利擁護と成年後見制度(30時間：2単位)
- 障害の理解Ⅱ(30時間：2単位)・発達と老化の理解Ⅱ(30時間：2単位)・認知症の理解Ⅱ(30時間：2単位)
- 社会福祉入門Ⅰ(30時間：2単位)　・社会福祉入門Ⅱ(30時間：2単位)・介護福祉の基本Ⅱ(30時間：2単位)
- 体育・健康科学実習(30時間：1単位)
- 初修外国語Ⅰ(30時間：1単位)　・初修外国語Ⅱ(30時間：1単位)　・こころとからだのしくみⅡ(30時間：2単位)
- 介護福祉の基本Ⅰ(30時間：2単位)　・こころとからだのしくみⅢ(30時間：2単位)
  　　　　　　　　　　　　（合計② 720時間：45単位）

- 社会学概論(30時間：2単位)　・ソーシャルワークⅢ(30時間：2単位)　・公的扶助論(30時間：2単位)
- 地域福祉論Ⅰ(30時間：2単位)　・こども家庭福祉論(30時間：2単位)　・ソーシャルワークⅣ(30時間：2単位)
- 医療福祉論(30時間：2単位)　・ソーシャルワークⅤ(30時間：2単位)　・社会保障論Ⅰ(30時間：2単位)
- ソーシャルワークⅥ(30時間：2単位)　・ソーシャルワーク実習(180時間：4単位)
- ソーシャルワーク実習指導Ⅰ(30時間：2単位)　・ソーシャルワーク実習指導Ⅱ(60時間：2単位)
- ソーシャルワーク演習Ⅰ(60時間：3単位)　・ソーシャルワーク演習Ⅱ(60時間：3単位)
- ソーシャルワーク演習Ⅲ(30時間：1単位)　　　　（合計③ 720時間：34単位）

2011年：鹿児島国際大学社会福祉学科における科目群

表3は筆者の大学の介護福祉コース専攻生の卒業時進路状況ですが、86％の卒業生が介護現場で就職し、90％以上が福祉関係の専門性を生かした職場に就職しているのが分かります。就職に関しては、実習やボランティアなどに関わった中で、学生の肌に合う施設に就職するよう伝えるだけで、教員が直接関わることはほとんどありません。この状況は、筆者の大学の介護福祉士養成講座が有効性を保持していることの証左であると思われます。

①・②・③の科目群と時間数（2,580時間：120単位）を修得することでのみ介護福祉士の専門性のコアである直接援助技術が身につくのだとしたら、このことは現行の養成のありよう（2年間での養成課程）を早急に変える必要性があることを明確に示していると思われます。この点については次節で述べます。

表3　介護福祉コース専攻生の卒業時進路状況

		人数	高齢者分野			障害児・者分野			児童分野	医療分野	民間福祉団体		行政	企業		進学	その他
			介護老人福祉施設	介護老人保健施設	特定施設その他等	障害者支援施設	重症心身障害児施設	知的障害児施設	児童養護施設	病院	社会福祉事業団	社会福祉協議会／	公務員	福祉関係企業	一般企業		
1	2005年度卒業	17	8	6				1		2							
2	2006年度卒業	24	8	8		4		1							1		1
3	2007年度卒業	28	18	4		2									3		
4	2008年度卒業	20	8	2		2	2				3		1				2
5	2009年度卒業	20	10	2		2	2			1					1	2	
6	2010年度卒業	24	15	7						1		1 (鹿児島)					
7	2011年度卒業	12	4	1				1		1		3 (県警2名、国立病院1名)			2		
8	2012年度卒業	20	10	1	3	2		1		1					1		
9	2013年度卒業	13	6		2	2			1						2		
	小計	178	87	31	5	14	5	4	1	7	3	5	1		10	2	3
	合計	178	123			23			1	7	3	5		11		2	3
		100.0%	69.1%			12.9%			0.6%	3.9%	1.7%	2.8%		6.2%		1.1%	1.7%

第4節　専門性を保持した介護福祉士に求められる素養

利用者の人間性に関わることになる生活支援は、援助者である介護福祉士の人間性によって直接・間接的に影響を受けることになります。前節2で論じました2年課程と4年課程の教育の差異は、単なる時間的な長短だけの問題では

ありません。調理において、旨味を増すために寝かしの時間が必要なように、物事が熟成するためにはそれなりの成熟期間が必要です。林地肥培によってできた成木と、屋久杉のように長い年月を経てできた成木では、同じ太さではあっても、強度の差異において天地ほどの違いがあります。

　教育に携わるものが、期間の重要性を無視するようなことがあってはなりません。4年課程と2年課程の差異は、学生の問題を論じているのではなく、介護福祉士養成における必然性を論じているのだということを認識する必要があります。

　この点に関して、本間・八巻らは、「介護福祉士の専門性は必要であるが、専門的段階は低いという意識であり、その結果として労働条件や待遇、社会的認知不足、介護福祉士の能力の不足や個人差、養成校における教育内容不足などが挙げられた。専門性向上への課題や要望としては……研修・教育体制の充実や継続に関する要望が多かった」（本間・八巻ら2009：99）としながらも、さらに次のように論じている点に注目する必要があります。「現状としての研修・教育体制に関しては、特に介護福祉士独自での施設内研修や自己研鑽は活発にできない傾向があり、施設外研修にゆだねる必要性も伺えた。……専門性向上のために介護福祉士が自ら学ぶ必要性、それを支え可能にする外的環境の整備の必要性を確認し、そこで外的要因としてわれわれ介護福祉士養成校も介護福祉士会と一層連携を強化し、ともにそれを支えることを使命として確信した」（本間・八巻ら2009：99）、と述べています。

　表4は、筆者の大学における社会福祉学科介護福祉コース学生の卒業時の修得科目と時間・単位数ですが、表2の直接援助技術修得に必要な科目群と時間数に追加したものです。

表4 大学における介護福祉士養成に必要な科目群

介護福祉コース受講科目群（2年課程と類似の科目：(1)＋(2)）

(1)＝(合計① 1,140時間：41単位)
(合計② 720時間：45単位) ＋ ・コンピュータと情報倫理（30時間：2単位）　・英語オーラルコミュニケーションⅠ（30時間：1単位） ・英語オーラルコミュニケーションⅡ（30時間：1単位）　・英語リーディング／ライティング（30時間：1単位） ・英語リーディング／ライティングⅡ（30時間：1単位）　・新入生ゼミナールⅠ（30時間：2単位） ・新入生ゼミナールⅡ（30時間：2単位）　・その他300時間：19単位 (2)＝(合計1,230時間：74単位)
(合計③ 720時間：34単位) ・地域福祉論Ⅱ（30時間：2単位）・就労支援サービス（30時間：1単位） ・福祉行財政と福祉計画（30時間：2単位）・社会福祉運営管理（30時間：2単位）・司法福祉（15時間：1単位） ・社会保障論Ⅱ（30時間：2単位）・社会福祉調査（30時間：2単位）・演習（ゼミ）Ⅰ（60時間：4単位） ・演習（ゼミ）Ⅱ（60時間：6単位） (3)＝(合計 1,035時間：56単位)

2011年：鹿児島国際大学社会福祉学科における科目群

4年制大学の学生に求められる教育内容と特徴

＊(1)に関しては介護福祉コース学生のみ受講。(2)は、大学の講座として他の社会福祉学科の学生と同様の科目をコース生のみで受講。(3)は、大学の講座として他の社会福祉学科の学生と同時受講。

＊(1)・(2)の科目（2,370時間：115単位）が、2年課程の養成学校と同様な受講科目群。(2)・(3)の科目（2,265時間：130単位）が社会福祉学科の大学生と同様の受講科目群。

＊2年課程の介護福祉士に比べ、大学の介護福祉士は(3)の科目以外に、2,370時間と1,800時間の差異の分（570時間）を特別に学んでいることになる。

＊4年制大学の社会福祉学科の学生に比べ、介護福祉コースの学生は、(1)の科目を特別に学んでいることになる。（卒業時：3,405時間：171単位）

＊(3)の科目群と2年課程との差異の570時間に、介護現場の職員が求めている研修内容のスーパービジョン、コミュニケーション技術、カウンセリング技術等が含まれることになる。

これを見ると、前節2の介護福祉士の専門性と専門介護福祉士に見る専門性で論じてきたように、介護福祉士に求められる専門性を教育するためには4年間の期間が必須であることが理解できると思います。

第2部
プロの介護福祉士に求められる技能

第4章

介護実践とケアカウンセリング

　ケアを実践する上でのカウンセリング、すなわちケアカウンセリングの語義を簡略に述べると次のようになります。「ケアカウンセリングとは、利用者の変容を促そうとしてカウンセリングマインドを用いる技術ではなく、利用者の申し出を可能な限り受け入れようとして、多忙な業務のなかで援助者である自己の価値観を徹底的に変革させるためにカウンセリングマインドを用いる技術である」

　刻一刻と利用者を取り巻く環境が変化する多忙な介護業務の中で、百人百様の利用者の価値観に寄り添うことを業とする介護福祉士にとって、援助者である自分の価値観と異なる利用者の価値観に寄り添うためには、強い自己抑制が求められます。援助者の価値観からしたら許すことさえできないと思われる内容に対して、援助の手を差し伸べることのできる哲学的意志を持たなければなりません。この意志に対してケアカウンセリングというのです。またチームケアを有効に行うために、多様な価値観を持った介護福祉士の援助方法を統一して利用者に向き合うことが求められます。援助内容の異なる介護福祉士の援助方法を統一するために、共通認識をもち、共通理解したうえで介護を実践するために、援助者自身にカウンセリングのマインドを向ける。これもケアカウンセリングです。さらに、緊急的対応を迫られる介護現場において、リスクを回避するうえからも瞬時に優先順位をつけたケアの実践が行われなければなりま

せん。これもケアカウンセリングです。プロの介護福祉士と素人の介護者の差異はというと、このような事に対して瞬時に決断することができ、その上で適切なケアを実践できるかどうかという点にあります。

　ケアを実践する上で用いられるケアカウンセリングの研究である本稿では、ケアカウンセリングの有効性を探るために実践事例を分析することにしました。そこで、本章ではケアカウンセリングの骨格を明示し、述べることにします。

第1節　ケアカウンセリングの理論

　御子柴は論文「尊厳と連帯」で、「他人の尊厳を感得する人間はまた自己自身の尊厳をも感得する者である。ここから自尊感情こそが尊厳感得の唯一の手がかりであると結論づけることは無論できないが、自尊感情が毀損されているとき、その当人が他人との関係を『尊厳』の名において規制することが困難になることは予想されるのではないだろうか」（御子柴2005:33）と介護者自身に対する尊厳の必要性を述べるとともに、「高齢者の尊厳を支えるような行為とは、高齢者介護に参加する人間が、自分の都合に合わせてクライエントの存在を切り縮めることがないように行為」（御子柴2005:32）すべきです、と介護者に対する戒めを論じています。

　また、彼はコンラディ（2001）が主張した「ケアに関する九つのテーゼ」の「相互行為としてのケアには、感じること、考えること、行動することが織り込まれている」ことを引き合いに出しながら、「コンラディは、先行研究者の見解に基づき、ケアを本質的に本能や情動に基づく非合理的なものとみる見方に反対し、ケアには情動のみならず知性や行動の反省が織り込まれていることを指摘し、他方で、合理性だけを論理的決定の条件にする見方に反対し、合理性と感情的側面の結合を指摘」（御子柴2005:37）していると述べています。この論点は、本稿におけるケアカウンセリングの理念と一致しています。

1　ケアカウンセリングとは

　介護においてケアカウンセリングが必要である理由は、施設における利用者の援助がチームでのケアを必要とすることに求められます。

カウンセリングやソーシャルケースワークは、当初クライエントに向き合うとき、本質的に1人のカウンセラーもしくはソーシャルケースワーカーが関わることになります。したがって、方針を立てるとき、カウンセラーもしくはソーシャルケースワーカー自身の価値観や優先順位でプランを組み立てることが可能であり、この段階で他のカウンセラーやケースワーカーと意見の相違が発生することはありません。しかし施設介護においては、当初の関わりからチームにおける価値観や優先順位の中で行動を行わなければならない宿命を根源的に保持しており、ワーカー自身の価値観や優先順位と異なる結果を要求されることが多々出現することになるのです。

施設におけるケアを実践しようとするとき、ケアはアドリブ的に突発的な援助を常に求めるのであり、あらかじめ決められていた計画・マニュアルを変更させなければならないことが多々起きます（介護過程の二極性がそれです。二極性については後述します）。このとき、それぞれのワーカーの価値観や力量によって優先順位のつけ方に差異が生じることになります。この差異をできるだけ無くす、もしくは少なくしてチームケアを友好的・効率的に実践するために求められる技術が、ケアカウンセリングなのです。

いま、ある人が脳血管疾患により身体に障害を残し、自由にタバコを吸うことができなくなり喫煙の援助を頼んだとき、介護福祉士はどのように対応するのでしょうか。糖尿病の合併症により視力を無くした高齢者から飲酒の依頼があったとき、介護福祉士はどのように対応するでしょう。また、両者に対して家族から、「本人の申し出があっても絶対に聞き入れないように」との訴えがあったとき、どのような援助をするでしょうか。このような事例は、介護現場では枚挙にいとまがありません。対応実例については、第5章で詳述します。このような内容へ迅速適切にチームとして平準的に対応できる技術をケアカウンセリングといいます。

（1）カウンセラー、ソーシャルケースワーカーとケアワーカーにおける関わり方の違い

これまで第1部第2章第2節3の(1)、(2)でケアカウンセリングとカウンセリングの差異、ケアカウンセリングとソーシャルケースワークの差異について述べてきましたが、ここでは三者の関わり方における差異を概説し、次項の

橋渡しにします。

　カウンセラー（サイコロジスト）は、対象者が精神病や神経症の人たちであるか、それらの病気は持っていないが人生の悩みを抱えている人たちであるかにかかわらず、クライエントが生活を送る上で生活に間接的に影響を及ぼす問題に対応します。つまり生活を実際に送ることに直接影響を与える問題に対応するのとは異なっています。介護福祉士の対象とする内容は、利用者に対して直接生活へ影響を及ぼす事柄への関わりであり、その点において、カウンセラーとケアワーカーの対応は異なるのです。

　たとえば、強迫神経症のため、鍵を掛けたかどうか気になり仕事に出られない人の場合、彼は生活行為が直接できなくなったのではなく、「鍵を掛けたかどうか」という意識性によって間接的に生活ができなくなっています。それゆえ、彼に対してはなんらかの生活支援をすることは必ずしも意味をなさず、「鍵を掛けたかどうか」気になって会社にも行けないそのことを解決する必要があるのです[7]。

　これはソーシャルワーカーが、クライエントの生活に直接影響を及ぼす事柄へ対応するために社会資源をクライエントに結び付け、パーソナリティの向上を試みることとも異なります。というのも、ソーシャルワークにおけるクライエントの生活に直接影響を及ぼす事柄は、クライエント自身が自分の生活を送る上で直接困難な内容というよりは、生活に直接影響を及ぼす事柄自体はクライエントの行為もしくは周辺状況からもたらされたものであるという点です。

　たとえば、父親（もしくは母親。以下父親という）による幼児虐待の場合、カウンセリングでは父親と面接することになります（この時点で虐待される幼児と積極的に関わることはありません）が、父親がカウンセラーのもとへ訪室することがなければ、もしくは第三者とのつながりがなければ、関係性が生じることはありません。一方、ソーシャルワークでは幼児の生命・尊厳を守ると

---

[7] 確かに、強迫神経症によって普通の生活を送ることができなくなることがあります。その場合の直接的な影響は強迫神経症によるものです。しかし、彼は普通の生活を送る潜在能力を依然として持っています。普通の生活を送る能力が直接強迫神経症によって影響を受けているのではなく、能力は保持しているのだが、能力を使う力が影響を受けているのです。一方、介護に関わる対象者は、潜在能力・残存能力を使用しようとしても使用する能力自体に障害があり、普通の生活を送る上で具体的な援助を必要としているのです。この点で、カウンセリングとケアカウンセリングは本質的に異なります。

いう観点から、幼児の一時保護という措置をとったり、そのなかで父親と面接をすることもありえます。しかし、その場合、ソーシャルワーカーはカウンセリングのみを行い直接治療するのではなく、関連援助技術としてのカウンセリング技法を用いながら、父親にとって適切な社会資源は何かを探り、必要な社会資源へ結びつけ、父親のパーソナリティをエンパワメントすることで新たな社会環境を構築し、幼児の生命・尊厳を守ろうとすることになります。

　これら両者に対して（クライエントや父親に何らかの障害がある場合を除いて）、介護福祉士が直接関わることはありません。なぜなら、両者とも生活を送る上で直接的・具体的な困りごとがあるのではなく、ある要因・事象がもとで生活に対する困りごとが生じているのであり、その要因・事象を解決しない限り生活の困りごとがなくならないからです。

　ケアワークにおいては、直接的な生活への困りごとに関わるのが仕事であり、ある要因・事象がもとで生活に対する困りごとが生じていることに直接関わることではありません。ここで、三者における対象者・援助内容・援助方法の差異について例示しますと、表5のようになります。表中の○は強い関わりがある場合で、△は何らかの関わりがある場合、×は関わりがない場合を意味しています。

　ケアカウンセリングは、ケアワーカーが利用者と関わるとき、ケアワーカーは利用者を変えようとするのではなく、援助者自身が変わるのだということを原則としています。ケアワークにおける事例がカウンセリングやソーシャルワークの直接的な対象となりえないことは、「第5章　事例を通じたケアカウンセリングの展開」のなかで論じることにします。

表5　カウンセラー・ソーシャルワーカー・ケアワーカーの対象者と援助内容・方法の差異

	対象者・援助内容・方法 / 援助者	カウンセラー	ソーシャルワーカー	ケアワーカー
対象者	①身体障害（意識の障害はない）	×	○	○
	②重度の知的障害	×	○	○
	③その他の知的障害	△	○	○
	④認知症	×	○	○
	⑤身体に障害のない精神障害者など	○	○	△
①～⑤の対象者に対する援助内容	①直接的な身体（対象者）への関わり／第三者を介しての本人との関わり	×／△	×／○	○／○
	②直接的な身体（対象者）への関わり／第三者を介しての本人との関わり	×／△	○／○	○／○
	③直接的な身体（対象者）への関わり／第三者を介しての本人との関わり	×／△	○／○	○／○
	④直接的な身体（対象者）への関わり／第三者を介しての本人との関わり	×／△	○／○	○／○
	⑤直接的な本人との関わり／第三者を介しての本人との関わり	○／○	△／○	×／△
援助方法	要援助者の変容を目指して直接要援助者へ関わる方法	カウンセリング（○）	ソーシャルワーク（△）	ケアカウンセリング（×）
	要援助者の変容を目指して社会資源とのつながりの中で直接要援助者へ関わる方法	カウンセリング（△）	ソーシャルワーク（○）	ケアカウンセリング（×）
	要援助者の変容を目指して社会資源とのつながりの中で間接的に要援助者へ関わる方法	カウンセリング（△）	ソーシャルワーク（○）	ケアカウンセリング（△）
	要援助者の生活の不自由さへ直接関わる方法	カウンセリング（×）	ソーシャルワーク（×）	ケアカウンセリング（○）
	要援助者の生活の不自由さへ間接的に関わる方法	カウンセリング（×）	ソーシャルワーク（△）	ケアカウンセリング（○）

2　ケアカウンセリングの必要性

　前述してきたように、ケアを提供する初期的段階からチームケアが求められている施設介護においては、ワーカー個々人の価値観や優先順位を前面に押し

出すのではなく、チームとしての価値観や優先順位が早急に決定できる環境を準備しておく必要があります。ここにケアカウンセリングの必要性があるのです。

　一般的な価値観からしたらマイナスに思える内容に対しても、サービスを提供できる哲学を身につけなければなりません。百害あって一利なしのタバコを人は吸います。「分かってはいるけど止められない」のが人の常であり、自分で対応できるうちは自分の選択・決定に生活のありようが任されているところに人としての尊厳があるのです。

　ドウニーによれば、「人は他者に影響を及ぼさない限り合法的な権利として不健康なままでいる権利（受容性の権利）もまた有しているから、強制することは法律によって禁じられているのである」(Downie = 1987：288)。援助者から見たら心理的にも道義的にも認めることができないような状況・行為に関しても、利用者が真に望むのであれば、望むだけのサービスを提供できるだけの強い意識性を持つことができるかどうかが介護の専門的援助には問われています。このような専門性を実践できるところに介護福祉士の存在意義があるのですが、実際は困難です。そこに、ケアカウンセリングの必要性が生じるのです。

　ケアカウンセリングの必要性は、裁判における裁判官の判断に差異が生ずることを鑑みるとき、了解できるでしょう。裁判においては、法律もしくは判例という明確な基準がありますが、法律の専門家・プロフェッショナルである裁判官をもってしても意見がいつも一致するとは限りません。

　判決を下す段階において、個人的な価値観が入り込む余地はないのですが、それでも意見が分かれてしまうのはなぜでしょう。本稿では意見が分かれる要因を分析するのが目的でないので概略するにとどめますが、高度な専門性を持った裁判官であっても、ひとつの結論を下すとき判断に差異が生じるのは、事件・事故がおきた背景・環境のとらえ方が常に異なっているからです。この背景・環境のとらえ方の差異が、判断の差異につながっているのです。

　個別性を伴う生活の支援であるケアを実践するワーカーにおいても、意見のまとまることが困難なほどの差異が生じたとしても不思議ではありません。そのとき、介護現場においてどのような結論がもたらされるのでしょうか。時として、声の大きさや、無神経な意見が結論に影響を与えたりするのです。そのとき、心ある少数の介護職員は、その理不尽とも思える決定を利用者に対し

て実践することにいたたまれず、職場を去ることになります。残念ながら、このようなメカニズムは福祉施設において多々見受けられる事であり、筆者が20余年勤務してきた中で何度も見聞きしたことです。

　この悪循環を断ち切り、良循環にしていくためには、ケアカウンセリングが必要です。次項で、ケアカウンセリングが求められる介護現場について論じることで、ケアカウンセリングの必要性を更に明確化していきます。

　3　ケアカウンセリングが求められる介護現場

　介護現場において重要なのは、利用者の言動を前にしたとき、自分の価値観で判断しようとするのではなく、「なぜこの人はこのような言動を取るのだろうか」と考えることです。そのためには、利用者の生活史を知らなければなりません。しかし、現場においては適切なアセスメントをする前に、現実的な即応が求められることが多々あります。目の前にサービスを必要とし、困っている人が現にいるのですから。これが介護過程の二極性のうちの第一極であるライブ介護過程です。そして、このとき求められる内容が後述するところのカウンセリングマインド10の技法の実践です。業務が適切に実践されるためには心身を鍛錬し、10の技法をはじめさまざまな理論を身につけることが求められています。

　ただし、鍛錬は道場のような安全性を配慮した中で行われるのではありません。介護現場という煩雑な業務の中で、いわゆる実戦のなかで行われるのです。それゆえ、カウンセリングマインドを純粋にそのまま運用することはできません。アレンジせざるを得ないのです。職員の勤務体制はどうなのか。利用者全体の心身の状況はどうなのか等々考慮しながら、利用者に向き合うのです。この時々刻々と変化させざるを得ない業務の実践において活用される援助者のマインドすなわち発想をケアカウンセリングマインド（ケアカウンセリング）といいます。

　午前中には適切だった援助方法が、午後には不適切な援助内容となるのが介護現場です。そこでは、当然対応するマインドが変化することになります。この変化の論理がケアカウンセリングという言葉に秘められているのです。これは、池川が「昨今の社会学・心理学・経済学など社会科学全般にわたる過度の数量的方法論の優勢は、人間的事象に対するアプローチにおいて、限りなく自然

科学的といわざるをえない」（池川2008：23）としながらも、「しかし、私には人間の個別性や特殊性を捨象したあとに残った一般性のなかに、看護の本当の意味での科学性や本質があるとはどうしても考えられない」（池川2008：24）というように、不自由な生活への援助・生活の自立を専門性発露の目的におく介護にとって、マインドとしては正であるカウンセリングのマインドを、要援助者にとって善なるものとなるために変化させるのです。"正しいことイコール善ではない"という、不条理にも思える介護現場における、実践であるがゆえに、ケアカウンセリングが必要なのです。煩雑な業務実践のなかでは、ケアカウンセリングマインドを用いようとしなければ、「感情労働」という業務のなかでバーンアウトすることに結びついてしまいます。[8] 介護現場はまさに実戦の直中にあるのです。介護は実践学です。実践学は体験学です。頭で理解していてもだめです。剣道や柔道を思い浮かべるとよく理解できるでしょう。頭では技のかけ方や打ち込みの方法を知っています。しかし、それだけで勝負に勝つことはできません。要因としては、①頭での技に体が行動としてついていかないためであり、②相手のある勝負である、という2つのことが解決されていないためです。何度も何度も修練を繰り返すことで、これらを克服することができるようになるのです。

　これは、介護における実践にも共通する内容です。人は、自分の価値観と異なる価値観を前にしたときとまどいを感じます。そして、業務を実践する上で、介護福祉士に求められる援助内容はニーズへの対応だと頭では理解していても、業務の煩雑さの前に家事にあたる部分を優先してしまうことになります。その結果、してあげるサービスになるのです。このことについては、第5章のケアカウンセリングの実際で事例をもとに論じることにします。

8　武井は、著書『感情と看護―人とのかかわりを職業とすることの意味―』の中で、次のように述べています。ルティーンとして医師の診察の場に同席しているように見える場合でも、看護師は診察の邪魔にならないように優先順位を考えて適切に対応しています。こうした気働きの部分は傍目には分かりませんが、あって当たり前で、欠けているときに「気が利かない看護師」という形で気づかれることになります。こうした気遣いとしてのケアが看護にとって第1義的なものであるとしても、煩雑な業務に追われていれば、思い遣りのしぐさを示すことさえ億劫になることがあります。また、患者に関心を持ち、深く関わろうとすれば看護師の内面にさまざまな感情が引き起こされ、時にはバーンアウトにつながります（武井2008：31-34）。介護において、このバーンアウトを防ぐ方策がケアカウンセリングだというのが筆者の論述です。

業務のなかで心身を鍛錬し、技術を身につけることが介護福祉士には求められています。この鍛錬のあり方がケアカウンセリングであることは、以上論じてきた通りです。

第2節　ケアカウンセリングに必須のカウンセリングマインド10の技法

　杉谷は、介護福祉士が介護現場で利用者に向き合うとき必須とされるカウンセリングのマインドとして、次の(1)～(10)の項目を挙げています(杉谷2003a：11-17)。介護の現場で職員間の価値観を統一し、チームケアを実践するうえで、このような簡潔なキーワードを職員間で共有し、その意味の相互理解を図ることは、非常に有効であると考えます。

(1) 一人ひとりを大切にする心
　人はみな個性を持った存在です。それぞれの個別性を尊重したところに、利用者主体は生まれるのです。そのためには、自分を好きになることです。自分のここは好きだがここの部分は嫌いだというのではなく、好きな部分も嫌いな部分も含めて、徹底的に自分を好きになることです。あらゆる自分を好きになろうと努力し続けるとき、人は自分とは異なる第三者を価値ある存在として認めることができるようになります。

(2) 人の痛みを感じる心
　人の痛みは分からないけれど、痛みというものを感じる心。要介護者の状況を自分に置き換えて、痛いだろうなと思える心、思い遣りの心を持つことです。人は「喉元過ぎれば熱さを忘れる」存在です。そのときは、「これほど悲しいことはない」「これほど苦しいことはない」等々思っているのですが、時の経過とともに、残念ながら人は当時の心理状態を思い浮かべることが困難になります。この忘却が、我々をして他者の痛みを感じる心を麻痺させているのです。ケアワーカーたるもの、いつでも「悲しみ」「苦しみ」「怒り」「絶望」などを思い出させるように訓練しておく必要があります。そのことで、他者の痛みへ思いをやることができるようになるのです。[9]

9　介護者は、見当識をなくした高齢者の行動に対して、自分自身の判断や予測をもって接

(3) 待つ心

　援助者側から「ああだ、こうだ」とやらないで、利用者がその気になるのを待つということです。両親が、子供が育つのを「見守る」という姿勢に似ています。利用者が自分の残存能力を活用する、活用できるように、援助者は時間がかかっても待つという姿勢が大切です。仕事の効率性のみに目を向けていると、利用者の能力を潰してしまうことになります。援助者は、利用者の縁の下の力持ち的存在であり、見守り、できるのを待つのです。日課表に流されないこと。「日課表は必要悪」（田中2005：65）だということを知ることです。

(4) 可能性を拓く心

　人は、誰も可能性を秘めているということを納得できることです。障害のあるなしに関わらず、人間の可能性を信じる心を持つということ。あらゆるものの存在の意義を理解することです。つまり、理由はともかく存在しているものはすべて、何らかの意味があるということを理解することです。たとえ、人間存在に害をもたらすと思えるような病原菌にしても、存在の理由があるのだということを理解することです。抗菌剤の乱用により薬剤耐性菌が出現してきた

するのではなく、行動の裏にある高齢者のやむにやまれぬ気持ちに、敏感に気づかなければなりません。そのために必要なテクニックは、自分の心を開放して、批判的にならず、心を込めて耳を傾けることであるとして、ナオミ・フェイルは、その著『バリデーション』（Feil1993：36-48）で、次の14のテクニックを挙げています。
①センタリング：精神を集中するために呼気吸気に焦点を合わせる、②威嚇的でない言葉を使う：事実に基づいた言葉が信頼を築く、③言い換え：相手と同様のキーワードを用いながら要点を繰り返す、④対立の技法：高齢者が不満に感じていることに対して極端な言葉を使う、⑤逆の画像化：高齢者が感じている現状に対して反対のことを想像させる、⑥暗示：昔の記憶が現在の生活環境と共存するための能力を引き出す、⑦視線を合わせる：（介護者が）じっと見つめることで（高齢者は）混乱の状況から抜け出ることができる、⑧曖昧な表現を使う：高齢者の意味の分からない言葉に対して、曖昧な言葉を使うことでコミュニケーションをとることができる、⑨低い、情のこもった語調で話す：高い声は聞きづらく、荒々しい語調は高齢者を怒らせたり引きこもらせたりする、⑩動きや感情を観察し合わせる（ミラーリング）：共感しながら、鏡に映したように高齢者と同じ行動をすることは信頼を勝ち得る、⑪人間的欲求に結びつける：高齢者の行為を、愛情・有用感・純粋な感情の発露という３つの人間的欲求に結びつけること、⑫（高齢者が）好きな感覚を用いる：高齢者が好きな感覚を知ることで、信頼を築くことができる、⑬タッチング：高齢者は、後ろや横から近づくと驚くので、正面から近づく、⑭音楽を使う：言葉をなくしたとき、懐かしいメロディがよみがえり、高齢者を元気づける。
バリデーションが見当識障害のあるお年寄りの行動に対して有効であるように、ケアカウンセリングはすべての利用者に対して有効な技術です。

ように、人はすべてにおいて因果関係の網から逃れることはできません。このことを理解できると、人はどのような状態にあろうと可能性を秘めているということを信じることができるようになります。

(5) 柔らかい心

柔軟性があると同時に、利用者の申し出に流されない、基礎的対応の枠組みをしっかりと身につけることです。ここまでは対応可能だが、ここからは受け入れられないということ。(6)の向き合う心を育てることにつながるのですが、ぎりぎりの線で受容できないときが来ます。この向き合う心に至るまでの間は、利用者の申し出に対して柔軟に対応できること。これが柔らかい心であり、ケアワーカーに求められる受容の境界線です。つまり、境界線をもつことで、ワーカーは利用者の申し出に対して柔軟に対応できるようになるのです。

(6) 向き合う心

受け入れるだけではなく、時には対決するという場合もあります。そのためにも、しっかりと向き合うことが大切です。きちんと向き合うことなく対決するのは、単なる他者否定につながりかねないので、注意を要します。これは徹底的に受容できるようになった援助者に求められる心であり、これまでの(1)〜(5)の心が育った援助者のみが育てるべき心です。ところが残念なことに、この心は自己覚知のできていない、自分を客観的にみることのできない人ほど誤って身につけやすい技法であり、欺瞞につながりやすいのです。向き合う心は徹底的な受容の後に現れる心であり、「全き受容」といわれるものです。

(7) 葛藤を生きる心

他者との関わりの中で、葛藤が生まれるのは当然です。その葛藤を解決しようとして、すぐにどちらかへ方向を決めるのではなく、葛藤しているときのエネルギーそのものを大事にしようとすること。利用者を変えようとするのではなく、利用者が自分で変わるのを待とうとすることです。ケアワークの専門家は、常に葛藤を生きなければなりません。

(1)〜(6)の心を育てるには、葛藤を生きるという決心のない援助者にはできないことです。悩み続けることは大変なエネルギーを必要とします。悩み続けるというエネルギーを持たない人、つまり葛藤を生きることのできない人は、耐え切れなくなった時点で、右か左という答えを出すことで問題から逃げ出すのです。自分に厳しく、自己を律する努力をすることです。自分に都合よく考

えるのではなく、他者の都合を考えようと努力することで、葛藤を生きる心は育つのです。

(8) クライエントから学ぶ心

対人援助は常に学習の場であるので、己に謙虚でなければなりません。援助者は、利用者と謙虚に向き合うことによって、学ぶことになるのです。クライエントの言動から間接的に学ぶのです。利用者にとってケアワーカーは自分を映す鏡です。同じように、ケアワーカーにとって利用者は、ケアワーカーが自分を見つめ直すきっかけになるのです。つまり、利用者はケアワーカーに謙虚さと向上心をもたらす研鑽の場を提供することになるのです。学ばしていただくというのではなく、学びの場を提供してくれているのです。十人十色というように、利用者のニーズは同じように見えても、一人ひとり微妙に異なるものであり、範疇に収めることのできないものです。常に個別化を念頭において関わる必要があるのです。

(9) 生涯学び続ける心

生涯学習。専門家たるもの、つねに向上心を持たねばなりません。己が努力せずして、他者に努力を求めても意味をなしません。援助者のひたむきに生きている姿が利用者の変化を生むのです。変えようとして変わるのではありません。結果として変わっているのです。継続は力なり。持続する心のないケアワーカーは、利用者のための援助を自己満足で片付けてしまうことになります。自分に厳しく、自己を律すること、プロ意識を持つことです。

(10) 共に生きる心

共に生きるためには、共に感じることができなければだめです。聞く耳だけではなく、一緒に生きていくという関わりのなかで、利用者の思いや痛みを感じる心が育っていくのです。ケアワークはサービス業だと理解することです。と同時に、利用者主体だということです。利用者の望むことを利用者が望むようにケアを提供することは、自分の価値観を白紙にして利用者の望みを謙虚に聞くことでしかできません。

以上の (1) ～ (10) の技法は、抽象的な概念として理解するだけではなく、介護福祉の現場で日常的に活用できることが重要です。介護過程という全体的な設計図はできており、それに基づいて支援する生活をそれぞれに組み立てようとするとき、病気とまではいきませんが、バイオリズムの変化により計画通り

に実践することが困難になる場合があります。そのようなときに威力を発揮するのがこの10の技法です。アドリブ的に変化する生活のなかでどのように技法を活用するのかを身につけるためには、事例を通して理解を深めることが有効です。

第5章

事例を通じたケアカウンセリングの展開

　カウンセリングマインド10の技法が介護の専門家においてどのように活用されうるのか、本章では次のような仮説に基づき、事例を検討し考察をすすめました。

1) カウンセリングマインドを援助者自身に向けることによって、利用者主体の介護がより効果的に実践できる。
2) ケアカウンセリングを伴わない介護は「してあげる」介護に結びつきやすい。カウンセリングマインドを援助者自身に向けることのない介護は、利用者主体ではなく援助者主体のサービスになる。

　第1節から第11節まで、事例に基づく考察をすすめます。その際、カウンセリングマインド10の技法が介護の現場で、援助者自身の態度や自己成長、利用者への援助にどう活用されうるのか、という視点に基づき考察します。
　本章の研究方法を改めて提示すると、次のようになります。

　〈本章の研究方法〉
　本稿は、ケアを実践する上で用いられるカウンセリングマインドについての研究です。チームケアに関わる職員が、ケアカウンセリングの活用法や有効性

を理解するためには、実践事例を通じて理解を深めることが効果的です。そこで、介護現場で実際に行われているケアワーカーの援助実践を例示し、それぞれの事例においてどのような現場状況からどのような意識のもとで問題点が出現したものであるか分析することにしました。そして、問題点の解決方法を探る上で、職員の考え方や態度、言動はどうあるべきかを現場状況を考慮しながら考察します。

〈具体的な検討手順〉
① 利用者の言動に対する職員の逐語録的言動を抽出することで事例を提示し、介護の現状と問題点を分析し、対応策を導き出しています。本事例は、筆者が1986年以降『老人生活研究』や『老人福祉』等に投稿した資料に基づいています。
　　＊このような検討方法を採択した背景には、次のような事情があります。ケアワーカーが己の価値観を白紙にして利用者に1対1で関わることは、たやすいことではないが、離職につながるほどのストレスとはなりません。しかし、それぞれのケアワーカーが1対1で利用者に関わっていた内容が、全体として協働した言動をとらざるを得なくなったとき、それまでの利用者対1人のケアワーカーの対応であったものがケアワーカー、他職種間の価値観の差異となって浮き彫りになり、バーンアウトにつながるほどの強いストレスを生じさせることになります。このストレスを解消し、チームケアが有効に推進できる実際的な方法を探る必要があるのです。ケアワーカー間の価値観を同じくし、ケアカウンセリングを実践するためには、カウンセリングマインド10の技法を念頭に置きつつ、事例を通じて理解を深め合うことが効果的です。
② 各事例の検討においては、処遇順位のつけ方に介護福祉士個々人の価値観がなぜ、どのように反映されるかを分析するとともに、現実的な対応策を探っています。分析の視点としては、当時の筆者がスーパーバイザー的な立場（寮母長）から当時の寮母（ケアワーカー）に対してスーパービジョンを展開していた内容をもとにしています。
　　＊ケアワーカー間の価値観の相違を統一した中でチームワークがなされるのが理想ですが、現実には困難を伴います。日によって変化する職場環境

の中で、場合によっては1日の中でも変化する介護現場において、職員同士が同じ価値観のもとでケアを実践するには非常な困難を伴います。その困難性が「してあげる」的な職員主導のケアを生み出す要因になっているのです。

〈倫理的配慮〉

取り上げた事例は、筆者が39年前から22年前までに接した実例ですが、対象者はすでに死去しています。倫理的な配慮のため、事例に関しては年齢や家族関係などを明らかにすることなく、テーマ的な事実のみを例示することにしました。本事例は、今日でも日常的に遭遇する一般的な内容（課題）であり、今日でも同様の事例が介護現場では多くみられ、今日取り上げる有効性は変わらないと考えます。

〈事例の枠組みと分析の視点〉

第1節から第12節までの事例の枠組みと分析の視点は以下の表6のようになります。

表6　事例の枠組みと分析の視点

節	事例（介護内容）の枠組み	分析の視点	
		一般的な対応	ケアカウンセリング的対応
第1節 事例1	ケアワーカーのルーティンワークにない利用者からの申し出に対する対応	「もし……ならば」という言葉で申し出を断る．職員の都合を優先する．	どうすれば申し出に応答できるかを考え、いくつかの可能な内容を提示できる．
第2節 事例2	認知症高齢者の特異な行為の了解と接し方	説得しようとする言動．共感したつもりの説得になりがち．	利用者の言動に共感し、納得してもらえるような関わりを心がける．
第3節 事例3	家事と対人援助業務に関わる差異を認識した援助活動	手抜きをしてはいけない育児を手抜きして、家事を優先すること．	利用者主体の意味を理解でき、家事に対して後回しにする意思統一が図れる．
第4節 事例4	食事介助の場における不適切な介助が起きる要因	目的的生活介助の意味を忘れ、手段的生活介助になっている．	目的的生活介助を重視し、食事という行為の意味を知ったうえで介助ができる．
第5節 事例5	「死にたい」という言葉に秘められた意味の理解	利用者の言動に引きずられた応答になりやすい．	適切な観察のもと、言葉の裏に秘められた本音を理解した対応ができる．

第6節 事例6	夜間せん妄的な不穏行動への適切な対応	説得に終始しがちである．真の意味での共感ができない．	不穏行動を引き起こす原因を見極め，その要因を消失させる方向で関わる．
第7節 事例7	身体に悪いと分かっている利用者の希望への対応	医療的価値観に引きずられた援助行為となり，利用者の申し出を断る．	たとえ体に悪いことであっても，利用者の価値観に寄り添うことができる．
第8節 事例8	利用者の意思とは異なる，家族からの申し出に対する援助内容への応答	自力での対応が困難だと思える内容は，すぐに他の専門職へつなぐ．	ソーシャルワーク的視点を持っている．利用者の思いを家族へ伝えることができる．
第9節 事例9	日常的な帰宅願望の訴えのある認知症高齢者への対応	「また叫んでいる」と思いながらも，気を紛らす対応はできる．	受容・共感に基づくアセスメントのもと，適切な介護計画の実践ができる．
第10節 事例10	施設利用者が掲示板の職員の勤務表を確認に来る意味	毎日よく来るよねと言いながら，理由を考えようとしない．	利用者の行動に秘められた意味を理解しようと努力し，理解できる．
第11節 事例11	先天性の聴覚障害で，視力を失った高齢者への対応	伝達すべき内容についてのみ気配りし，他のことに配慮できない．	コミュニケーションをとるなかで，伝達すべき内容を伝えようと腐心できる．
第12節	介護福祉の援助全般における対応	自分の感情をクライエントに転嫁していることに気付かない．	自己覚知のもと，感情労働の中で適切なケアが追求できる．

　介護の実践においては，分かっている（カウンセリングマインドを抽象的に理解している）だけでは意味がありません．たとえ不器用ではあっても，できる（ケアカウンセリングを実践できる）ということが大切です．それは，自転車の乗り方を頭では分かっていても実際には乗れなかったり，スケートの滑り方は分かっていても，実際には転んでしまってなかなか滑れないようでは意味がないのと同じです．

　介護の現場において，職員間の価値観を統一し，チームケアを推進するためには，分かりやすいキーワードであるカウンセリングマインド10の技法を用いて，具体的な事例を通して理解を深めるという職員同士の学び合う機会を設けることが有効となります．本章での事例の検討は，実際の現場での相互教育のプログラム内容の提示という意味を持っています．考察をすすめる中で，分かりやすいたとえ話も多く用いていますが，これは現場の職員がケアカウンセリングの技法を理解するうえでも役立つものであると考えるからです．

第1節　ケアワーカーのルーティンワークにない利用者からの申し出に対する対応

（事例1）
　施設入所のAさんから、数日前の買い物の日に参加しなかったので、「今日連れて行ってくださいませんか」という申し出があった。このことに対するケアワーカーの対応。

　最初に、この事例に対する不適切な対応例を示します。「ワーカーさん、すみませんが買い物に連れて行っていただけませんか」との施設利用者のAさんの申し出に対し、ケアワーカーは「数日前に買い物の日がありましたでしょう。どうして、そのとき行かなかったんですか。突然言われてもね。私たちは忙しいので、すぐに対応することは難しいのですよ」と、回答しました[10]。
　それに対しAさんは、「この前は少しからだの調子が思わしくなかったものですから……。それに、実は今日が亡くなった主人の命日で、主人の好きだったお菓子と花を買いに行きたいなと思いまして。忙しいのは承知しておりますが、少しの時間でよろしいですので、近くのお店まで連れて行っていただけませんでしょうか」と答えたのです。
　ケアワーカーはAさんに次のように対応しました。「そういわれてもね、いつも言ってますでしょう。職員の手が足りないですので、決められた日課を守っていただくようにって。Aさんのいう事を聞いたら、もし、ほかの人が同じようなことを頼んできたときにも対応しなければならなくなりますでしょう。そうしたら、私たちだけでは対応できなくなるんですよね。Aさんの気持ちは分かるんですけれど、私たちとしても、どうしようもないんです。悪いですけれど、私たちの気持ちも理解してくださいね[11]」。
　最後にAさんは「やっぱり無理ですよね。私のほうが無理を言いました。申し訳ありません」と話し、買い物をあきらめるにいたったのです。

10　これは、利用者の申し出に対してカウンセリングマインドの方向性を援助者自身に向けて対応しようとしているのではなく、自己都合を優先しているのです。
11　ここでもマインドは援助者自身に向けられていません。業務優先になっています。職員である自分のための都合にマインドを合わせようとしているのです。

この事例は、「個別化」が「平等」という名のもとに、支援のあり方が歪められたものです。専門的介護の実践者は、福祉における「平等」の本質を理解しなければなりません。平等イコール均等ではないのです。「腹〇分」という「〇分」の状態をすべての人に同じくしようとすることが福祉における平等です。個々の心身の状況を勘案することなく均一に接することが、必ずしも福祉における平等ではありません。
　たとえば、1リッターで10km走る能力の車を持っている人が100km先の目的地まで必要なガソリンの量と、1リッターで20km走る能力の車を持っている人が100km先の目的地まで必要なガソリンの量は当然異なります。福祉的平等とは、前者に10リットル、後者に5リットル提供することをいい、それで二人ともに100km先の目的地に到達することができ、このことで公平に接したことになるのです（利用者の心身の状況に対するケアでも同じことがいえます）。
　一方、存在する上でさらに求めたい欲求は人それぞれで、欲求度の統一性を求めることは困難です。そのため、度合いが違う個々人の欲求を平等という範疇に括ろうとして、共通するスケールを用意しようとします。そこで持ち出されるのが均一というスケールです。個々人の満足度について特段の考慮をすることなく、すべての人に均一に接することで、公平さを納得してもらおうとするのです。介護福祉士が専門性を発揮する上で困難な点がここにあります。つまり、差異のある欲求に対するサービスを平等に配慮して実践することの困難さです（田中2005：49-50）。
　事例に戻って以上のことを考えてみますと、Aさんのいうことに対応したとして、「もし」ほかの人からも同じような申し出があったとしたら、その場合はそのときに考えればよいことであり、起こってもいない「もし」を考えて切実なAさんの申し出を単純に断ることがあってはなりません。もし他の人からの申し出があるにしても、その内容はそれぞれに異なる内容となるはずです。ケアカウンセリングに基づく対応の一例としては、次のような対応が考えられます。
　Aさんの申し出に対して、すぐだめだと言わないのです。「人の痛みを感じる心」でAさんの気持ちを察し、「柔らかい心」でAさんの気持ちを受け入れるのです。そして、自分ひとりの判断で結論を下すことが困難に思える場合は、「相談員に話してみますので」と即答できないことを説明し、すぐに相談員へ取り

次ぎます。その時、自分なりに対応可能な時間が取れそうな場合には、いつ頃だったら可能だと思える旨、相談員へ情報の提供をしておくのです。

ところで、介護福祉士から相談員へ状況を引き継ぐという行動により、ケアワークとソーシャルワークの相補性、業務内容の差異による両者の連携が生まれることになります。これの意味するところは、介護福祉士は生活全般という枠組みを考えの基本に置いた上で個別的な関わりをするところに専門性をおくのに対し、ソーシャルワーカーは個人を中心に置きながら生活全般を含めた社会関係全体を見るところに専門性があるということです。在宅ケアの場合は個人中心の援助ではありますが、介護福祉士（ヘルパー）はあくまでも社会資源の一人としての範囲内での援助活動を行うことになるのです。その際、数多くの資源を考慮するのはソーシャルワーカーの仕事です。

申し出に対して結論が出された場合には、相談員が直接Aさんにその結論を伝えるか、ケアワーカーが伝えるかのいずれかになると思われますが、いずれにしても待つ人の身になって、早急な対応をすることが重要です。いくつかの対応例を次に示します。

① 今すぐは無理ですが、いつごろだったら可能です。それでよろしいでしょうか。
② どうしても今日はケアワーカーによる対応は困難です。相談員（若しくは事務員）が対応することになりますが、それでもよろしいでしょうか。
③ 昼食時間帯に私が買いに行ってきますので、購入する品物を教えていただけませんでしょうか。
④ 申し訳ありません。今日はどうしても時間の都合がつきません。品物を教えていただけましたら、夜勤の職員に買ってきてもらいますがそれではだめでしょうか。
⑤ 花屋さんやお菓子屋さんから電話で届けてもらうことでは、対応できませんでしょうか。

マインドは一つですが、対応の仕方は多数あります。状況に応じて多様な援助内容を提示することがライブ介護過程であり、プロとしての力量です。介護福祉は利用者からの申し出に対して即応することが使命であり、そこに専門性

を持つものです。優先順位をつけた対応、この処遇順位のつけ方がカウンセリングマインドを生かしたケアカウンセリングです。

　ケアカウンセリングでは、「今日が亡くなった主人の命日で」「主人の好きだったお菓子と花を買いに行きたい」というＡさんの思いに共感でき（柔らかい心・共に生きる心）、「忙しいのは承知しておりますが」「誠に申し訳ありません」「少しの時間でよろしいですので、近くのお店まで連れて行っていただけませんでしょうか」というＡさんの、忙しい職員に対して手を煩わせることへの申し訳なさ（＝人の痛みを感じる心）を気づいた上で（＝一人ひとりを大切にする心）、勤務状況に照らした対応ができるということです。すぐ買い物に同行することが必ずしもよい介護福祉ではありません。グループワークにおけるメンバーの個別化と優先順位を了解した上での対応、これが専門的介護といわれるものです。

　介護福祉士は生活の直接的な支援者です。ライブ的に用いられる技法に「一人一人を大切にする心」があり、個性を認めることに通じます。同じものを読んでも面白さの受け取り方は人それぞれ違うように、同じ物を食べても「甘い」「辛い」の感じ方が異なるように、人はそれぞれに自分独自の判断をもつものです。

　判断の基準は人それぞれの価値観の違いによるもので、それぞれが育ってきた場所、すなわち社会環境・地域環境・家庭環境に間接的に影響を受けます。と同時に、社会教育・学校教育・家庭教育によって直接的に重大な影響を受けるのです。また、これらの環境・教育も絶対的なものではなく、時間の影響を受けます。ちょうど、社会正義の定義が歴史的に異なるように、「美」に対する基準が歴史によって異なるように、存在のありように対する意識は時間とともに変化します。國分によれば、「『ねばならぬ』は文化人類学の教えるとおり、その大部分が相対的です。時代によって変遷し、地域によって変貌するものです。絶対の真理であるかのごとく固執するのはおかしいのです。価値観は絶えず変化のプロセスにあるのである」（國分2003：88）。介護福祉の援助者は「ねばならぬ」という発想を括弧にいれる勇気を持つことが大切です。

　同じ両親のもとに生まれた兄弟であっても、感じ方や考え方、味覚や物の見方に違いが生じるように、人は違うのが当たり前です。人々の間に違いがあることは、人が豊かに生きていけることに結びつきます。もし、世界に１種類の

花しかなく、男も女も自分と同じ考えの人しかいなかったら、なんて人生は味気ないことでしょう。今日と同じ明日を送ることに人は退屈すると同時に、めくらなくても了解された書物を毎日毎日読み続けなければならないような苦痛な時間の中では、息苦しさを覚えるでしょう。違いがあるから楽しいのです。

　甘い・辛い・苦い・すっぱい等々の味の種類があるから、味わう楽しさがあります。もし、すべての食物が同じ味であったら、食べる楽しみは失われてしまいます。違って良いのです。違って当たり前です。介護福祉を実践する人の場合、特に違いを認めることが重要です。そして、自分を好きになることです。「ほんとうの意味で自分を愛せないで、人を愛することはできない。自分を愛するということは、マイナス面をも含め、自分をあるがままに受け入れ、認めることである。変なこだわりやプライドを捨てることである。そうすれば、相手を受け入れる包容力が自然に生まれてくる」(梅香2001:132)。あらゆる自分を好きになろうと努力し続けるとき、自分とは異なる第三者を価値ある存在として認めることができるようになります。ここに、介護実践の醍醐味があります。この喜び・楽しさを知ったとき、人は、わずかの給与の低さなどで介護現場から去ることは少なくなるでしょう。

第2節　認知症高齢者の特異な行為の了解と接し方

　(事例2)
　　人形を自分の子供だと認識し、「この子ご飯食べないがよ」と、悲痛な声でケアワーカーに声かけるBさん。もとより口の開いていない人形であり、少しの量も流れていかない。このときのBさんの心の痛みが分かるかどうかで対応に違いが生じる。

　この時のBさんの心の痛みを十分に感じられないまま対応する職員が現実には多いです。たとえば、片手で人形をひょいと掴み、「私がみているから早く食べてください」というだけの対応があり得ます。[12]

12　この言葉は、下膳・食器洗浄をしなければならないという業務を意識の片隅に残した業務優先のなせる業です。利用者の申し出に添おうとして、カウンセリングマインドの方向性を援助者自身に向けているわけではありません。

施設ケアでは、早出・日勤・遅出・夜勤等々、勤務形態が分かれています。職員は自分の勤務範囲を確実にこなすことが自分たちの大切な業務内容だと勘違いしています。そのため、家事に相当する仕事内容を優先し、利用者の申し出（ニーズ）を後回しにしてしまうのです。その原因としては職員定数の低さが大きく影響しています。が、それ以上に大きな要因は、職員の意識・視線が利用者のほうを向くのではなく、職員（同僚）や経営者のほうを向いていることです。家事に当たる部分は後回しが可能ですが、いわば対人援助的業務の部分はそうはいきません。子育てでいえば、家事とは別の育児の部分です。業務内容のうち家事にあたる部分は視覚的に対応状況の良否の判別が可能ですが、育児にあたる部分は視覚化できないのが常ですので、多忙さのなかで介護職員は、どうしても視覚的に判別可能な業務を優先しがちになります。自己保身の意味からすると、これは当然のことです。しかし、専門性を保持したプロの介護福祉士はそうであってはいけません。これを解決するためにも、職員間の意思統一を図り、後回し可能な内容を決めたり、ボランティアに依頼可能な内容を決めるなどしておくことが大切です（田中2006：65-67）。

　この事例の場合、Ｂさんの人生の中での生活体験が背景にある可能性があります。たとえば、終戦時に大陸で子供を亡くした思いが数十年経って認知症になった今、心の痛みとなって現れた言動かもしれません。あるいは避難途上で中国人に子供を預けてきた思いが人形に対する食事介助につながっていたり、何らかの事情で水子になったまだ見ぬわが子に対する悔恨の念であったりなどの精神的背景がある可能性があります。そのような背景に思い至らなくとも、母親としてのＢさんの心の痛みが感じられたなら、次のような対応が可能になります。

　「子供さんがご飯食べないの、心配だねー。でもね、だからといってＢさんが食事をしなくて病気になったとしたら、その子の面倒は誰が見るの？　Ｂさんが入院でもするようなことになると子供の面倒を見る人は誰もいなくなりますよ。心配だろうけれども、私が子供を抱いていますので、まず先にＢさんが食事をしてくださいませんか。子供もそのほうが喜ぶと思いますよ」と、母親の情感に働きかけるのです。この言葉は、「人の痛みを感じる心」に基づく援助の

典型例です[13]。

　ところで、認知症のBさんはなぜ人形に対して「この子ご飯食べないがよ」と心を痛めるのでしょうか。私たちはこの言動のなかにBさんの抑圧という防衛機制（越智1999：758-760）が働いていたと理解することができます。つまり、懸命に日常生活を生きてきたなかで、無意識といういわば心の箱のなかに閉じ込めざるを得なかった情念のエネルギーが、認知症という病気のために抑える力をなくし、無意識の中から飛び出し、第三者から見るとそれは特異な行動に見えてしまうと理解できます。Bさん自身は人形にご飯を食べさせようとしている行為の意味すら理解されていないかもしれませんが、突き動かされる衝動的な思いが、行為となって現れています。これは認知症高齢者にみられる特徴の一つです。

　人は何らかの行動をしようとして、数ある選択肢の中から一つの行動を選ぶときの判断基準に、「価値づけ」という物差しを用います。そして、漠然とではありますが、自分に都合のよい選択をします。人は日常それほど自分の行動に関して深く考えることなく、瞬間的な行動をとることがありますが、この行動も結局はそのときの行為者の意識性、つまり「価値づけ」によって選ばれています。「価値づけ」は好みと選択によって行われるものであり、基本的には比較することです。これを、ドウニーは「選好価値」といっています（Downie＝1987：16）。

　ところが、「理想価値」は「選好価値」と違って「道徳性」という普遍的な特性を有しており、「人が理想価値を持つ場合には、自分自身と同様に、それによって他者をも審判する」（Downie＝1987：16）ことになります。それゆえ、介護福祉士は常に自分の価値観を白紙にした状態で利用者に関わろうとする意識性を持っていなければなりません。そうしなければ、人はすぐに自分の価値観・道徳性で他者の価値観に審判を下してしまうことになりかねないのです（田中2006：86）。認知症の利用者に対しては、なおさら配慮する必要があります[14]。

　悩みは人に話すと半減し、喜びは人に話すと倍加するといいますが、それは話す側の論理であり、悩みを聞く側の論理はどうでしょうか。他者の悩みを一

13　これこそ、カウンセリングマインドの方向性を援助者自身に向けた言動であり、ケアカウンセリングの真髄です。
14　この配慮をできるようになるために、ケアカウンセリング技術が必要となるのです。

身に引き受けようとすると、人は一般的に己の心身にストレスを感じることになります。そのため、場合によって人は他者の悩みを真剣に引き受けることなく、井戸端会議的な内容としてとらえることで己の心身の変調を防ごうとするのです。しかし、介護を職業とする人々にとってそのようなことは許されるものではなく、親身になって聞き入れる必要があります。ストレスを感じることなく聞き入れることは困難ですので、そのことへの対処を考えなければなりません。

　介護の専門家にとってそれ以上に困難なことは、利用者が明確に訴えられない悩み・苦しみ・痛みを利用者に分かるように応えていかなければならないということです。ワーカビリティの低い利用者がケアワーカーの援助の対象者です。だからこそ、援助者自らの変容が求められるのです。介護の専門家である介護福祉士にとって、口に出されることのない他者の痛みが分かるかどうかが、重要になるのです。

　どうすれば「人の痛みを感じる心」を育てることができるでしょうか。そのカギの一つが忘却です。人は、「これほど悲しいことはない」「これほど苦しいことはない」などと感じたとしても、時の経過とともに、当時の心理状態を思い浮かべることさえ困難になります。忘却があるからこそ人は悩み・悲しみ・苦しみから立ち直れるのであり、時が悲しみを癒す薬になるのも事実です。しかし専門家にとって、この忘却が、彼・彼女らをして他者の悲しみ・痛みを感じる心を弱めることにつながると考えうるのではないでしょうか。介護の専門家にとって、「悲しみ」「苦しみ」「怒り」「絶望」等を思い出せるように訓練しておくことに意味があると考えられます。このことで、他者の痛みへ思いを遣ることができるようになるのです。

　事例1のような内容に対しては、人は感性で痛みを感じることもできるでしょう。しかし専門性は、感性の有無にかかわらず構築されるものであり、感性の上に構築しなければ築けないものではありません。感性の上に専門性を構築するにはそれなりの努力が必要だとはいえ、比較的構築しやすいと考えられます。

　感性を身につけるために有効な方法の一つは、芸術・文化に興味をもつことであり、人生哲学を探究することです。単純に図式化すると、「なぜ、どうして」という、疑問を感じる柔らかい思考性を持つことであり、己の認識・価値観

を超えた出来事に対して、「ありえない」と思うのでなく、「あってもいいではないか」と肯定的に受け入れようとすることです。そこに（1）の技法「一人ひとりを大切にする心」が芽生えてくることにもなります。

次に検討すべき点の一つは、ストレスを感じることなく利用者の痛み等を受け入れることは困難だという問題です。他者の悩み・悲しみ・苦しみという負の部分を、援助者がストレスを感じることなく受け止めることができるならそれにこしたことはありません。しかし、残念ながらそのようなことはありえないのです。

根本が、「傷つきやすい性格のために苦しむ人は、何事にも動じない強い心が欲しい、と願います。しかし、ゆらぎのない心は死んだ心にすぎないのです。豊かで健康な心とは、ストレスを感じなかったり、人間関係で傷ついたりしない鉄のような心ではない」（根本2001：127）と述べているように、ストレスを感じるのは当然です。しかし、ストレスを減少・解消することは可能です。この解消方法を身につけることを目指すべきです。

ストレスに関しては、次の公式に沿って考えていくことができます。

　　ストレス＝ストレッサー（刺激・身体や精神に影響を与える要因）×性格因子（環境・身体的条件・時間・教育等に影響を受ける因子。ICFでいうところの背景因子、つまり環境因子または個人因子）

この公式が示すように、同じ刺激に対してもストレスを感じるか感じないかの違いは、環境・教育等によって培われる当事者の性格因子によるところが大です。つまり、自己をストレス耐性を持った性格に変えていこうと努力することでストレスを減少することは可能になるのです。またそれとは別に、自分なりのストレス解消法を探すことも意味があります。カラオケ・スポーツ・趣味・友人との会話等々、無心になることで精神的な悩みを減ずることができるようになるのです。

このように、「人の痛みを感じる心」が育つためには、他者の負の部分を受け止めても己に多大なストレスとならないような環境面・心身面の条件整備が必要です。これが整っていないと、実践上不可能になり、燃え尽きてしまうことになるのを認識することも大切です。優しい心だけで対応できるわけではあり

ません。悩みを共有できる職員の存在も重要です。

第3節　家事と対人援助業務に関わる差異を認識した援助活動

　介護援助の実際において、利用者が自分の残存能力を活用するように、活用できるように、援助者は時間がかかっても待つという姿勢が大切です。仕事の効率性[15]のみに目を向けていると、利用者の能力の発揮を阻害してしまうことにもなりかねません。

　援助者は、利用者の縁の下の力持ち的存在であり、見守り、利用者が自力でできるのを待つ存在だと認識できます。この認識に沿って援助するとしたら、日課表に流されず、日課表はあくまでも「必要悪」（田中2005：65-66）だと考えることができます。

　利用者が自力でできるのを待つ。利用者が納得いくまで待つという忍耐力を持つことは、言葉で言うのは簡単ですが、実践には困難が伴います。子育てに例えると、朝、保育園に子供を連れて行こうとするとき、子供が自分で靴を履くのをじっと見守り続ける場面をあげることができます。履き終えたと思ったら「トイレ」と言って靴を脱ぐ。こうなると、トイレから出た後は親が靴をはかせることになってしまいます。

　施設における介護でも時間がなく、時間に追われることになります。食事介助にしても、入浴介助にしても、散歩の申し出に対しても、ゆったり対応することはできません。本来、施設における介護は生活支援であり、利用者はそれほど時間に余裕のない生活を送っているというわけではないとも考えられます。そう考えると、時間に追われているのは利用者ではなく、職員ではないかという問いかけが意味を持つことになります。

　つまり、職員は自分たちの仕事の都合のため、利用者の主体性の重要性に気づかないふりをして、日課表をそつなくこなそうと努力（瞬間的には専門性を発揮）しているという可能性が検討されうるのです。なぜ、本末転倒な援助が行われるのでしょうか。ここで、日課表の「必要悪」的な本質について考察す

15　この視点が援助者主体のサービスであり、利用者主体とは程遠いものになっています。忙しさを解消するために効率性を高めようとするのは大切ですが、自立支援という観点からすると、無駄な時間に思える「待つ」時間を忍耐強く持つことが大切です。

ることができます。

　わが国の職員体制は、最低限の数字を掲げているのであり、この数字を満たさない場合、法律違反になるという職員定数になっています。職員数の少ないなかで、質の高いサービス内容が施設や職員に要求されます。限られた職員数ゆえに事故を起こさない無難なケアを提供しようとすると、勢い日課表の存在に頼らざるを得ないのです。

　1975年当時、老人4.5人に対して介護担当の職員1人という時代において、大きな事故もなく施設運営ができていたのも、必要悪的な日課表のおかげかもしれません。日課表に縛られた援助は何らかの不満足を利用者に感じさせることになりますが、それでも放棄・廃棄するわけにもいかない状況があるのです。

　とはいえ、日課表をできるだけスリムにすることはできます。従来家政学で「家事活動」と同義に使われてきた「家事」と「育児（対人援助的要素）」を明確にすることです。つまり、「家事的業務は手抜きできるが対人援助的業務は手抜きできない」ということを施設ケアの基本、職員間のコンセンサスとするのです。

　このことについて、私たちの日常生活に例えて考えることは、理解のために役立ちます。私たちはいくらか散らかった部屋の中で生活していても気にも留めず、お客さんを迎えるときに急いで一部屋を整然ときれいにして（別の部屋に物品を押し込んで）良しとしています。これで毎日の生活は支障なく過ごすことが可能です。

　施設においても、ある部分の家事活動はやむなく手抜きをするが、対人援助業務に関わる部分に対しては絶対に手抜きをしないというコンセンサスを職員間で得るのです。このことは、ゆったりした日常生活を施設利用者に味わってもらうことにつながります。

　事例1でいえば、利用者からの申し出が対人援助業務に関する部分です。そして事例において、利用者の申し出を断る理由としていたケアワーカーのやり終えなければならない義務的作業内容に、手抜き・後回しの可能な家事活動が含まれているのです。

　早出勤務のケアワーカーは、自分の仕事内容を遅出の人に残さないようにすべての家事活動を終えなければならない。終えることが先決問題なのです。そのためには利用者からの申し出に対して十分対応できないことがあっても止む

を得ない、と考えているのです。その考えにおいては、ケアワーカーは利用者というよりは職員のほうに意識を向けています。本末転倒の考え方になっているのです。

　では、どうすべきでしょうか。早出がやり残し、遅出に引き継がざるを得ない家事活動があります。そのため遅出がやり残し、翌日の早出に引き継がれることになる家事活動があります。このようなやり残した家事活動が積もり積もって、ついには日常の生活に悪影響を及ぼしそうになります。もし、このような状況が出現しそうになったら、時には時間をとって全員で積み残されてきた家事活動を終了させ元の状態に戻します。このようなコンセンサスを、施設長をはじめ職員間で得ることが重要です。そのことで、利用者の申し出に対しては絶対に手抜きをしないという職員間の意思統一が図られやすくなります。それが結果的に、職員が利用者の申し出る生活問題に応える時間的・心理的余裕につながり、待つ心が育つことになるのです。

　いかに能力のある優秀な職員であっても、時間に追われるような職場環境では、利用者主体を実践しようとしても画餅に帰します。時間を生み出す方策として、必要悪の日課表があるのであり、処遇順位が考えられるのです。この状況に対して、これまで示したようなコンセンサスを得ることが効果的な解決策となるのです。

（事例3）
　　夜勤明けの早朝、介護職員のSさんは洗面介助をするために全介助の利用者のベッドに近づいた。すると、隣のCさんが「今日も生きていた」という言葉を小さく発した。何気ない言葉であったが、介護職員のSさんはCさんに尋ねた。「どういうことですか？」と。

　一般的に、私たちは明日が当然のごとく来るものと思いながら生活しています。いや、思うことすらなく生きています。しかし、Cさんにとって明日は必ず来るものだとは思えないとのことです。眠ってしまったら、このまま朝を迎えることなく死んでいるのかもしれない。そんな思いで眠るのだそうです。その意味では、高齢者にとって今日という一日は単なる一日（時間の流れ）ではなく、全人生と同じ重みを持つことになります。時を刻む一針一針の重みが私

たちとは異なる世界で生活しているのだということを、介護に携わるものは認識する必要があります。待つ心の重要性は、時の流れの重みを感じることのできる援助者によって、よりよく理解されると考えられます。

第4節　食事介助の場における不適切な介助が起きる要因

（事例4）
　「ごくんと飲み込んで！」「はい、口を開けて！」「よそ見しないで、ちゃんと嚙んで食べて！」口一杯ほおばっている利用者に対して容赦ない声が飛ぶ。これは焦りの所為である。何に対してケアワーカーは焦っているのだろうか？

　この事例は、待つ心の重要性を理解するうえで役立つ事例ですが、修学旅行のたとえを用いることでさらに理解が深まります。
　修学旅行等、団体での行動を取らねばならないとき、多くの人が食事を済ませ席を立ち、周りで食べている人が少なくなったとき、焦りを感じて不安になった体験をした人がいると思います。自分だけ周りから取り残されたような感覚です。食事介助のときのケアワーカーの焦りの気持ちの中には、自分の介助の方法が拙いので時間がかかったと周りから思われているのではないかという、自己防衛の気持ちが生じているのです。ケアワーカーの意識は、食事という「目的的生活行為」（田中2005：91-94）を利用者に行っているということよりは、他の職員から「いつまでたっても食事介助が下手なんだから」と思われているのではないかという意識に支配されているのです。[16]
　さらに、調理員が食器洗浄のために下膳されてくるのを待っている、という意識もありえます。早く下膳しないと、待っている調理員に対して申し訳ないという意識です。このことが、利用者に対する食事への介護ではなく、いわば「餌」的な摂食介助に結びついてしまうのです。[17]

16　これは利用者へベクトルが向けられているのではありません。援助者である自分の利害に対してベクトルを向けているのです。
17　この点でもベクトルが利用者の方ではなく、職員の方を向いているため、客観的に自分の行動を認識することができていません。いや、できているかもしれないが、仕方ない

待つ心の重要性を意識することは、それとは異なる食事介助につながります。利用者が美味しく・楽しく食事ができるように、飲み込んだのを確認しながら、時にはお茶を勧めながら、利用者のペースで、利用者なりの食べ方で食事ができるような援助です。そのような援助者の行為が意味を持つという意識を職員同士で共有することが、尊厳を支えるケアにつながります。

第5節 「死にたい」という言葉に秘められた意味の理解

（事例5）
「死にたい、早くお迎えが来ないかな」という高齢者に対してケアカウンセリング的対応ではどのような援助となるであろうか。

この事例に関しては、まず、利用者の「死にたい」という気持ちがどこから出ているのか理解しようとすることが重要です。そのためには、利用者の日常生活を観察することで、そこからいろいろなことが見えてきます。たとえば、本人には次のような思いがあるかもしれません。
① 同室者には親族等の面会がよくあるのに、自分にはない。
② 他の人には贈り物等がよく来るのに、自分には何も来ない。
③ 職員も他の人にはよく話しかけているのに、自分とは誰も相手になってくれない。
④ すべてから見放されている。自分には存在価値はないと思っている。
⑤ このような状況が続くくらいなら、死んだほうがましだ、等々。
このようなときの対応としては、次のようなことが考えられます。

①～⑤の内容を振り返った上でなされる介護福祉士の言動が、ケアカウンセリング的対応となり得ます。まず、「どうなさいましたか」と、「一人ひとりを大切にする心」を持って話しかけるのです。仕事がどれほど忙しいからといって、「また死にたいといっている。本当は死にたくないくせに」などと考えずに、利用者の寂しい気持ちに共感できる、「人の痛みを感じる心」を育む努力

のだと自分の言動に対して言い訳をしているのです。

が、ケアワーカーには求められます。そうすることで、たとえば次のような対応が可能になります。

「ご家族の方も、面会に来たいのに来れなくて寂しい思いをされていらっしゃるのではないでしょうか」と答えると同時に、家族に対しては「お忙しいこととは思いますが、『死にたい』という言葉を口にするほど寂しがっていらっしゃいますので、ご面会をよろしくお願いします」と、利用者の寂しい思いを伝える対応です（家族へのこのような対応は、「向き合う心」とも重なります）。

この行動があって初めて、利用者の寂しさへの共感が意味を持ちます。相槌的な寂しさの容認だけでは、利用者の気持ちに心から共感したことにはならないと認識する必要があります。アクションがあって初めて、介護福祉士としての受容につながるのです。家族の忙しさを理解したうえで、利用者の寂しさを伝える技術が要求されます。プロである介護福祉士は、常に突発的・即応的な対応が求められ、ここにケアカウンセリングの必要性があるのです。

私たちにとって日々の生活のなかで本当に必要なのは、苦しみの中から〈人間の尊厳〉を回復したいと願う人たちの声を聞く〈人についての専門家〉です。そして、人についての専門家は、本来、その人が〈人〉であるならば相手を選ばず、誰でも同じように接することができるようにならなければならないのです。〈スピリチュアルな苦しみ〉をケアできるためには、〈人の専門家〉として「ケアの倫理」を含む「ケアの人間学」が必要となります（森村2003：163）。ところが、介護現場は多忙です。利用者一人ひとりとじっくり時間をとって向き合うことは困難です。時間的に困難な中で、あれもこれも同時並行的に行動せざるを得ない介護援助者にとって、実践可能な援助内容を形作っていくために、ケアカウンセリングの必要性と存在意義を意識することが重要となります[18]。

メイヤロフは次のように言っています。「ケアするなかで、私は他者が多くの潜在能力や成長欲求を持っていることに気付く」。だから、「他者が成長するのを援助するとき、私は自分のやり方を他者に押しつけることはしない。むしろ

18　多忙な特別養護老人ホームにおける介護現場の実際については、補論として筆者が勤務していた1980年代後半のころの内容を掲載していますが、あえて掲載しているのにはわけがあります。残念ながら30年近く経過した今日、当時訴えていた変革への状況と現在の状況に大きな差異がないからです。むしろ後退している感さえあります。専門性とケアカウンセリングに関しても。

私は、彼らが自分たちのやり方で成長することを任せるのである。私は、彼らの発達を促すために何をすべきか、彼らが決定を下すためにはどのように応じるべきか、そしてそのような反応ができるためにはどうしたらよいのか」(Mayeroff1971：8-9) 考えながら接するのです。しかし、多数の要求に対応せざるを得ない介護援助者にとっては、残念ながら申し出に対して順位をつけざるを得ません。そのとき、アレンジ能力が求められることになります。ひとりの援助者の対応できる能力には限界があります。限界の中でどのような援助をするのか。その際に、「待つ心」などに基づく対応が有効となりますが、「早く死にたい」と口にする利用者に接するに当たっては、さらに「可能性を拓く心」に基づく対応が意味を持ちます。これは人間に限らず、あらゆるものの存在の意義を認識することです。理由はともかく、存在しているものはすべて、何らかの意味があるということを理解することです。

　可能性を拓く心を理解するうえでは、次のようなたとえが役に立ちます。人間存在に害をもたらすと思えるような病原菌にしても、存在の理由があります。抗菌剤の多用により薬剤耐性菌が出現してきたように、人はすべてにおいて因果関係の網から逃れることはできません。このことを理解できると、人はどのような状態にあろうと可能性を秘めていると、信じることができるようになります。

　福祉が生活支援であるからには、生活の根源であるところの「生」を念頭に置いた援助を心がけなければなりません。と同時に、「生」の最後の瞬間であるところの「死」をも念頭に置いた生活支援に努める必要があります。「なんのために」・「どのように」生きるのかという範囲での関わりが、社会福祉での利用者との関わり方になります。つまり、千差万別の利用者の生き方、もしくは死に方を受容することが社会福祉の援助者には求められるのです。このときの生の倫理・生の哲学は、「なんのために」・「どのように」生きるのかという内容になります。

第6節　夜間せん妄的な不穏行動への適切な対応

　柔軟性とはあらゆることを受け入れるだけの柔らかさだと思われます。ここでいう柔らかい心とは、第7節の事例で検討する「向き合う心」につながると

ころの、ぎりぎりの線で受容できないときが来るまでは利用者の申し出に対して柔軟に対応できることという、条件付きの受容をいいます。この受容の境界線を理解したケアワーカーに求められる柔軟性が「柔らかい心」に含まれます。
　ここでいう条件付きの受容は、「初歩の許容段階をいつまでも続けるのではなく」「行ってはならないことは『いけない』と、はっきり禁止」(石井1995：33-53)するという対応が考えられますが、誰に対してもそのような対応ができるわけではありません。行動療法には、「誤った学習を排除するためには、患者(あるいは実験動物)のとる自発的行動に対して、望ましい行動には報酬を、望ましくない行動には処罰を与える」(石附1999：98)という手法が含まれますが、誰に対してもあからさまにそのような手法が用いられるというわけにはいきません。
　介護福祉士は、身体障害児(者)・知的障害児(者)・アスペルガースペクトラム・精神障害者・虚弱老人・認知症高齢者等々、乳幼児から高齢者までの幅広い利用者に接するのを業とします。利用者によっては、介護福祉士は利用者の行動をあからさまに禁止するのでなく、利用者の尊厳を守る方法で対応をすることが求められます。ここに、ケアカウンセリングにおける柔らかい心が重要となるのです。
　重度の知的障害者をはじめ多くの認知症の利用者に接することを業とする介護現場においては、利用者の行動が直接生命に影響を与える行動でない限り、禁止することを容易に考えるべきではありません。これから社会で生活を営んでゆく存在である幼児への教育においては「行ってはならないことは『いけない』と、はっきり禁止」できることが大切ですが、高齢者への対応においては、それと同じ感覚だけでは不適切な対応を生じさせてしまいかねません。

　(事例6)
　「誰かー。そこから男の人が来て、私の頭を叩いて向こうへ行った」と夜中に大声を出している高齢者に対して、「ここは壁でしょう。誰もここからは来れませんよ。安心して休みなさい」と必死で説得しようとしている。

　このような事例は、老人福祉施設等ではよく起こりえる事例です。しかし、この対応のまずさがどこにあるかというと、言外に秘められた利用者の感情を

理解しようとする姿勢を持たないまま、援助者側の価値観に従って説得しようとしている点にあります。援助者の価値観で利用者を強制的に納得させようとすることは、利用者の尊厳に配慮しない援助につながり、利用者の満足につながる自己決定には程遠いものとなります。

ケアカウンセリング的対応では次のような対応が考えられます。「そうですか、誰か知らない人がやってきて頭を叩いたのですか。びっくりしたでしょうね。私たちが気付かずに怖い思いをさせてしまってごめんなさいね」と「柔らかい心」で謝るのです。見知らぬ人に突然頭を叩かれたとすると、どれほど恐ろしいことでしょう。「人の痛みを感じる心」に基づいて、この利用者の怖さに共感できたなら、「ごめんなさいね」という言葉のあとに、「これからは、私たちがちゃんと見ていますので、どうぞゆっくりお休みください」という言葉を発することができるでしょう。

尊厳に配慮した介護福祉は利用者の主体性を認めることであり、利用者の価値観を大切にすることです。利用者の主体性を認めることは利用者自身の選択・決定を認めることであり、利用者が自身の言動に対して責任を取れるように配慮することです。そのために、利用者の納得を待つことが重要になります。

私たちは、自分の納得して行った言動に関しては、自分で責任を取るのにやぶさかではありません。しかし、他者から説得されたことがうまくいかなかったことに対しては、文句を言いたくなります。失敗の責任は説得した他人にあるのであり、自分にはないと責任を転嫁しようとするのが常です。まして、内容が命を脅かすような危険なものだとすると、簡単に納得できるものではありません。それのみか、説得しようとすることに対して反発し、ついには感情を爆発させてしまうことにもなるのです。

「人の痛みを感じる心」に基づかない対応としては、「ほら、ここは壁でしょう」と利用者に触らせ、「透明人間でもここから出てくることはできないのですよ」と、余計なことを言って納得させよう、落ち着かせようとして、逆に興奮させてしまうという例が考えられます。この場合、自分の行動のまずさを棚に上げ、この人は問題老人だと決め付けることで自分の行動を正当化しようとさえするかもしれません。[19]

---

19 このような援助の仕方は、介護福祉士という国家資格が確立する前は日常的に行われて

本事例の場合、壁から人が出てきたという点に焦点を当てた援助をしようとすると、不適切な援助に結びついてしまいます。言外に秘められた利用者の感情に焦点を当てることが、相手の身になって考えるということにつながるのです。

　初心者（スーパーバイジー）がこのような専門性を身につけることができるために助言者・指導者・教育者（スーパーバイザー）に求められるのが、「創造性といった技能」を伝授すること（スーパービジョン）です。デカーヴァローによると、「創造性は、夢中になって没頭し、工夫することの結果なのであり、内面的な探求と自己発見の結果」なのであり、「オペラント条件付けによって教えられるものでもないし、方法によって作られるものでもない。実際には、方法とは、創造的でない人々が創造するときに用いられる技術」（DeCarvalho=1994：23）であり、単なる介助技術ではありません。介護福祉士のコアである専門性には、創造性という技能が含まれているのです。

第7節　身体に悪いと分かっている利用者の希望への対応

　「向き合う心」は、クライエントと「対決」するという側面が含まれるため、利用者の価値観や感情を十分に受容できるようになった援助者に求められる心として、これまでの(1)から(5)の心が育った援助者のみに育てられる心であると理解するべきです。受容の中の対決という一見矛盾するように感じられる表現は、簡単に「だめ」などという言葉で利用者の言動を否定するのでなく、また受容のままで終わるのでもなく、援助者が専門性というフィルターを通して利用者の言動に関わることとして理解されうるのです。その援助行為は、利用者の言動に対する単なる分析に終わるだけで、解決策を持たないのでは意味がありません。カウンセリングにおいては、徹底的に受容することでクライエントが自己変容することが可能になりますが、介護福祉士の援助を必要とする人々はそれだけでは必ずしも解決につながらないのです。

　ここで意識する必要があるのは、「向き合う心」は自己覚知のできていない、

いました。しかし、1987年の「社会福祉士及び介護福祉士法」が成立して以降は、このような極端な支援は影を薄めました。とはいえ、専門的介護が確立されてきているというほどの状況でもありません。理由については、後述しているとおりです。

自分を客観的に見ることのできない場合は欺瞞的になりやすいという点です。治療的な意識性のもと利用者の申し出に対応する場合も、欺瞞的というよりもサイエンス的視点から、比較的安易に向き合う心に結びつきやすくなります。そこに生まれがちなのは、科学的・客観的データのもと、治療の効果をあげるという目的のために、利用者の主体性に対して何らかの制限を加えることがあってもやむを得ないという考えです。

医学・看護学におけるサイエンスとアートという考え方では、科学は診断と治療（キュア）を提供し、アートは心身の安らぎを目指してのケアの提供をするとされ、看護が利用者の主体性に対して安易に制限を加えると主張しているわけではないのです。しかしキュアに比重が置かれすぎると、結果的に主体性の制限はやむなしという判断に偏りやすくなります。

サイエンスとアートの両方を重視する必要性に関して、日野原の次のような説明を参照することは理解に役立つでしょう。

このことは、科学は病巣を持つ不健康な状態にある疾病を扱い、生命の長さに関係があり、アートでは身体の具合が悪いと感じる患者の意識、病気を扱い、生命の質に参与するのでありますが、命の深みを測り、命の質をよくすることに関しては、定性や半定量はできても、正確に科学的に定量することは患者の主観が入るだけに困難であるということを意味しています（日野原1999：25-28）。

本来介護はヒューマニティの視点を持った援助であり、提供される場・提供される利用者の年齢等によって援助内容に異なることがあったとしても、利用者の主体性を何より大切にする援助を目指すものです。そこにこそ介護の本質があり、サイエンスとアートの融合を目指す介護の哲学があるのです。[20] 新人教師が成長していくなかで熟練教師となるように、漫然と日々を過ごしていても経験が知識となるわけではありません。この「反省的実践家」（藤江2007：41）としてのあり方のなかに、介護の本質があるのです。「向き合う心」は、徹底的な受容のあとに効果的に用いられる心として位置づけられます。援助者に「全き

20　この点に関しては、『介護の本質』（田中2005：10-50）で詳細に論じられているので省きますが、介護の哲学は利用者の人生に、生活の充実・自立への支援という視点で直接関わるのであり、人生の長さについて直接的に考慮することはありません。サイエンスとアートの融合の中にこそQOLの向上はあるという考えです。

受容」を問い続ける心でもあるとも理解できます。

（事例7）
　「すみません、漬物に醤油をかけてください」と、90余歳になる利用者（Dさん）からの申し出があった。ケアワーカーは「漬物がお好きですね」と言いながら、醤油をかけた。Dさんは、口の中でちゅるちゅると滋養分を吸い取ると、あとは飲み込まずに口から出し、ご飯を食べるという食事摂取だった。
　これに対して看護師から、「塩分制限をしているのだから、醤油はそれ以上かけないで、量を減らすように」との申し出があった。

　利用者の年齢や身体状況等を考慮しない中での援助という点から見ると、ここでの看護師の申し出は正しい。細胞学的に塩分制限という観点からしたら、正解です。しかし、90余年間このような生活をしてきた人に対して、正しいことだからと利用者の申し出を断るとどうなるのでしょう。その結果、利用者は拒食症におちいり、入院することにもなりかねません。ケアカウンセリングに基づく援助では、次のような思考がなされうるのです。
　人は単なる生物というより、思考する生物だということを認識することです。人は動物として、単純に本能的に生きているわけではありません。自分にとってよりよい生き方をしようとして生きているのです。一言でいえば、自分の価値観にそって生きているのです。そしてこの価値観は百人百様です。ある人にとってはプラスと捉えられることが、ある人にとってはマイナスと捉えられることがあります。一般社会では、人は互いの価値観を認め合い、容認しあって生きています。介護サービスを必要とする状態になろうと、この原則を損なうことがあってはなりません。これが人の尊厳を守ることにつながるのであり、介護においては譲ることのできない介護哲学となるのです。
　人は時として生物学的には否定的な行動さえとります。「百害あって一利なし」といわれる喫煙にしても止められず、適量では「百薬の長」だといわれる飲酒にしても二日酔いするまで飲んでしまいます。「分かってはいるが止められない」といった喜怒哀楽の世界に生きているのが人間です。
　福祉は人間への関わりであり、それまで自分でできていたことができなく

なったとき、今までと同様の生活内容を実現できるような援助を求めます。援助を必要とする以前の状態に比べれば、時間的・空間的・経済的にも不利な状況になるのですが、できるだけ以前の生活状況に近づきたいという利用者の思いを現実化させるところに介護の本質があるのです。

「向き合う心」は、以上のような思考を前提にすることにより、適切に活用されうることになります。「一人ひとりを大切にする心」で利用者に向き合い、「人の痛みを感じる心」で利用者の思いを汲み取る努力をした上で、専門家の価値観のみにとらわれず利用者の必要とするサービスを提供することを検討するのです。

適切に利用者と向き合うために、援助者には他者理解が求められます。と同時に、利用者に向き合うのは他ならない援助者自身であり、自己理解も求められます。「人の心の中は見えない」ものであり、「人それぞれ理解の枠組みが違う」のです。「コミュニケーションとは誤解やズレを調整していくこと」を目指して行われる相互交流のプロセスなのです。

平木の次の説明もまた、「向き合う心」の前提にあるべきものを示しています。「お互いに心の中は見えず、しかも自分の枠組みでしか理解できない人間のコミュニケーションの現実を瓦解するためには、自己表現はできるだけ正確に、そして他者理解もできるだけ相手の準拠枠にそってやろうと努力することが必要だということです。相手の伝えようとすることを相手にそって理解するには、『相手に聴く』ことが大切です。『相手に聴く』とは、相手の準拠枠にそって理解しようと、相手に耳を傾けることをいいます」（平木2002：68-84）。

第8節　利用者の意思とは異なる、家族からの申し出に対する援助内容への応答

（事例8）
「たとえ父から頼まれても、絶対にタバコを吸わせないでください。身体に悪いですので」と、たまにしか来ない長男からの申し出があった。「お父様は若いころからタバコが好きで、『こんな身体になっても止められない』と、いつもおっしゃってますよ。あれほど楽しみにされていらっしゃるんですから、吸わせてあげる事はできませんか？」との申し出に対しても、

「職員のくせに、不健康になると分かっていることを勧めるのですか！」と、長男が主張する。

　この事例の場合、80余歳になる利用者が今日まで愛煙してきた習慣を他者（息子）の意思によってやめさせられるという状況にある。このようなケースは、援助者にとって対応が難しく、ともすれば相談員にすべてを任せ、介護者としては申し送られてきた内容にのみ応えようとすることになるのです。相談員にバトンをつなぐことも大切ですが、利用者や家族と日常的に接している介護福祉士にとって、直接依頼された内容に自ら対応しなければならないときもあります。本事例の場合は、対応として次のような内容が考えられます。これは家族に対する「向き合う心」の活用例です。

① 　長男より頻繁に面会に来る家族がいる場合
・長男からの申し出と父親の気持ちを、頻繁に面会に来る家族に伝え、両者が了解できる妥協案を探ってもらう。もちろん、施設側としては、これまでのように父親の意向（本人の自己決定）にそった援助をしていきたい旨を伝えます。ただし親族会の決定は無視できないということを伝えます。もちろんその場合でも、利用者の思いを無視して、一気に全面禁煙というのではなく、段階的に禁煙に持っていく方法を選択したい旨を伝えるのです。
② 　長男より頻繁に面会に来る家族がいない場合。もしくは家族が長男だけの場合
・利用者の代弁者として、できるだけ長男に本人の思いを伝えます。80余歳になった今日まで楽しみにしながら生きてきた利用者にとって、楽しみを奪われたなかで生活しなければならないことがいかに味気ないものか、という思いです。と同時に、施設としては安全と健康に配慮した対応に心がけるので、本人が美味しく吸える内は許可してほしいということを、長男と話すことのできる機会を何度となくとらえて働きかけるのです。
・また、一気に全面禁煙とするのでなく、現在1日5本のところを、毎食後の1日3本は許してもらいたい旨を粘り強く交渉し、了解をもらう必要もあります。

①にしても②にしても、「お父様には何とおっしゃったんですか？」と、長男に確認することが大切です。そして、長男の答えによって、ケアワーカーの利用者との接し方には違いがでます。以下のような対応が、本人に対する「向き合う心」の活用例です。

③　「父さん、タバコはからだに悪いから、明日からは吸わないようにしてください。職員には吸わせないように伝えてあります」という内容が長男からの答えだった場合の利用者への働きかけとしては、次のような仕方が考えられます。
イ）「ワーカーさん、タバコをください」と、利用者からの申し出があった場合。
・「食後の一服の楽しみでしたのに、ごめんなさいね。長男さんと今交渉していますので、申し訳ありませんが、話し合いが終わるまで、もう少し待ってもらえませんか？　せめて、食後の一服だけでもと長男さんにお願いしていますので」と伝えるのです[21]。
ロ）食後に何の申し出もなかった場合
・長男から禁止の要望が出る前にも利用者の体調によって本人から申し出のなされないことが何度かあり、その場合「タバコはどうなさいますか？」等の声かけをしていたとしても、今回は何も言わずにいることが重要です。「せめて、食後の一服だけでも許してもらえたらいいのにね……」と、自己弁護的な言葉をかけることは控えるのです[22]。
④　「父には何も言っておりません。皆さんから伝えてください」という長男からの答えの場合の利用者への働きかけとしては、次のような仕方が考えられます。
・援助者はまず長男に対して次のように説明します。「私たちから伝えるこ

21　交渉中であっても（交渉に関しては相談員が行うが）、生活は切れ目なく続いています。その時々の対応がケアワーカーには常に求められることになります。このときの対応にケアカウンセリングが必要となるのです。
22　前者の声かけは親切な配慮につながりますが、後者の場合は、「寝た子を起こす」的な言動（利用者と家族の関係性の悪化を招くだけの言動）になり、感心できません。何も言わないでいることがケアカウンセリング的対応となります。

とはできません。私たちとしては、お父さんの好きなタバコを止めてください
とはいえません。ご自分からおっしゃってください。もちろん、その
間は、これまでどおりに差し上げるというわけにもいきませんので、申し
出があった場合、ごめんなさい。長男さんから、『からだに悪いのでお父
さんにタバコを吸わせないでください』ときつく言われているので差し上
げることができません。しかしお父さんは、『食後のタバコだけは止めら
れない』といつもおっしゃいますから何とか許してくださいと、今、長
男さんにお願いしていますので、もうしばらく、待ってもらえませんか？
ごめんなさいねといって我慢していただくしかありませんが」[23]。その上
で、利用者には次のように働きかけます。

イ）「ワーカーさん、タバコをください」と、利用者からの申し出があった場合
・「ごめんなさい。長男さんから、『からだに悪いのでお父さんにタバコを吸わせないでください』ときつく言われているのです。しかしお父さんは『食後のタバコだけは止められない』といつもおっしゃいますから何とか吸わせていただけませんでしょうか、と今長男さんにお願いしていますので、もうしばらく、待ってもらえませんか？　ごめんなさいね」としか言えません。
ロ）食後に何の申し出もなかった場合
・③と同様に、何も言わずにいることが重要となります。

この事例の場合、利用者が不本意のままタバコを吸わない生活に入り、それほど長くない期間で亡くなるとすると、長男は棺に向かって、「こんなことなら好きなタバコを吸わせてあげるんだった」と、声を上げて悔やむことにもなりかねません[24]。徹底的な受容を前提にした「向き合う心」の活用で、「後の祭り」

23　このときの直接的な交渉は相談員がすることになります。ところが、ケアワーカーに直接長男から指示が（お願いという形で）出されることがあります。その場合の応答としては、次のイ）のような内容になるでしょう。
24　思い通りにならないから、生活は変化に富み、価値ある毎日につながるのです。明日のことは分からないがゆえに楽しいのであり、また逆に苦しさをも生み出すのです。介護福祉は、そのような、生活への支援であり、単純に1足す1は2になるような支援とは異なります。ここにサイエンス的視点だけでは解決できない介護福祉独自の専門性が求

というべき状況が生じることを食い止めることができると考えられます。

第9節　日常的な帰宅願望の訴えのある認知症高齢者への対応

　他者との関わりの中で葛藤が生まれるのは当然です。その葛藤を解決しようとして、早急にどちらかへ方向を決めるのではなく、悩み続けることです。葛藤を生きるという強い決意を援助者が持つことで、これまで検討してきたカウンセリングマインドを援助者の内部に育てることが可能になると考えられます。
　悩み続けることは大変なエネルギーを必要とします。悩み続けるというエネルギーを持たない人、つまり葛藤を生きることのできない人は、その葛藤に耐え切れなくなった時点で、右か左かという答えを安易に、早急に出すことによってその葛藤を生じさせた問題から逃げ出すのです。
　ここで出された解答は、問題の解決と同じではなく、単なる逃避に過ぎない場合が多いと理解できます。真の解決は、自分に都合よく考えるのではなく、他者の都合を考え、他者の都合に合わせようと努力することで得られると考えることができます。ここに「葛藤を生きる心」が必要となるのです。
　一般的に「人は欲求不満や葛藤による破局を予感すると不安」（瀧本2006：108）になります。そして、そのような状況を前もって避け、自己を防衛しようとして防衛機制という反応を示しがちです。介護に携わるものは、利用者の葛藤を自分のもののようにとらえることで、もしくは利用者の葛藤を解決しようとして努力するなかで、解決への道が見えてこない中で、葛藤を生じさせているのです。もとより、援助者の感じている葛藤は二次的に発生したものであり、フロイトのいう防衛機制とは異なる反応が可能（Nye＝2000：36-48）だともいえます。誤解を恐れず極論を言えば、援助者は、利用者にとって葛藤を生じさせた問題を前にして対応をどのようにとるか迷うことがあったにしても、直接自分がその葛藤に関係しているわけではなく、ある意味、葛藤に対して無責任的な位置に自分の立場を位置づけることも可能だということです。
　それゆえにこそ、介護福祉士には自分に厳しく、自己を律する努力をする必

　められることになるのです。

要性が求められるのです。葛藤を生きる心を育てるために大切なことは、利用者と接する中で見えてきた「なぜか」への問いを問い続けることです。これらのことを考慮したうえで、ケアカウンセリングにおける、葛藤を生きる心を考えるために、次の事例をあげることができます。

（事例9）
　夕方になると、Eさん（男性）はいつも玄関口に来てガラス戸をたたきながら、「おーい、おーい」と大声を出す。「どうなさいましたか」と優しく声をかけながら職員はEさんの傍に寄り添うと、「今、お茶の準備ができて、Eさんを呼びにいこうとしていたところですよ」と、ステーションまで連れていく。

　この行為にも専門性が発揮されてはいますが、この行為は対処療法であり根治療法とはなっていません。夜勤等の場合のように、緊急避難的にこのように利用者に関わることはやむを得ないことではあります。しかし、昼間の対応では、夜勤等のことも考慮して、できるだけ根本的な対応をすべきであると考えられます。
　Eさんが毎日のように玄関口でガラス戸をたたきながら、「おーい、おーい」と大声を出している場合、いつ・どのようなときに・どのような状態で大声を出しているかを検討する必要があります。「よく、大声を出すよね」とか、「毎日だよね」とだけ観察するのではなく、「いつ・どこで・どのような状況で・どのように」大声を出しているかを調べるべきです。それが福祉の専門家としての援助に必要な適切な観察です。
　Eさんの傍に寄り添いながら、「今、お茶の準備ができて、Eさんを呼びにいこうとしていたところですよ」と、ステーションまで連れていくことは、Eさんの興奮を一時的に解決することになるかもしれませんが、依然としてEさんの防衛機制は残されたままです。つまり、防御しなければならない何らかの不安が残されたままだということです。
　ケアカウンセリングにおいて大切なことは、当事者自身が今では「それ」と声に出していえない不安等に対して、機制として現実化されている反応・言動から「それ」を読み取ろうとすることです。「なぜ、この人はこんな言動をする

のだろうか」「いつ、どのような状況の下にこのような言動がなされるのだろうか」と注意深く観察し、「それ」を推測し、「それ」への対応を意識的に行うのです。

　このような場合、一度や二度で成功することは少ないでしょう。当事者自身が明確にそれと分からない、内容が錯綜している不安に対しては、明快な解決策が見出せない場合が多いものです。しかし、ケアカウンセリングに基づく援助活動でなければ、提示された介護過程は真に利用者にとって納得いくものとはなりません。

　この事例では、たとえば外に出たいのに玄関から出ることができないという不満が、閉じ込められているという不安につながり、大声になっています。Eさん自身、外に出たいという明確な意識があるわけではなくても、出ようとする欲求を妨げられているという感覚は体験されており、それへの反応として大声につながっているものと思われます。

　その意味からすると、Eさんの外出したい気持ちに沿いながら一緒に外出するということが考えられますが、それでも「なぜ外に出たいのか」という疑問に対応していません。Eさん自身でさえ明確でないところの外に出たいという衝動の背景にあるものを分析し、それに対応をすることがケアカウンセリング的対応といえます。このときEさんの口をついて出る言葉に注目する必要があります。

　たとえば、「母さんが待っている」「家に帰る」とか、「すぐそこだから」「いいからほっといて」とかの言葉が口をついて出ます。ここに当事者にしか、あるいは当事者にも明確ではないが、心を突き動かす欲求が秘められているのです。

　見当識に障害を負った高齢者が家に帰るというので実際に家に連れて帰ったとしても、そこが自分の家だと気付くには困難なことがあります。見当識を失くした人にとっては、たとえ以前は見慣れたところであっても、現実の自宅は浦島太郎的に見知らぬ場所となるのです。ちょうど、幼少時に過ごした場所に大人になって訪れたときに感じる違和感、広かった・遠かった世界が箱庭的に小さく感じられる違和感以上の差異を生じさせるのです。

　そして、「ここじゃない」と踵を返して帰ろうとする際、「せっかくいらしたんですからお茶だけでも頂いて帰りましょう」と、家の中へ入り、仏壇の前に

お連れします。すると、険しかった表情を解かれ、優しい顔に戻り、仏壇に手を合わせるようになります。このような場合、仏壇が、混乱していた高齢者の認識のもつれを解きほぐしたのです。それゆえ、今日では仏壇を部屋に持ち込むことを推奨している施設も増えてきています。仏壇という時の流れのなかでも変化しない環境が、見当識を失くした高齢者に心の平安をもたらすのです。

　「すぐそこだから」「いいからほっといて」という言葉は、Eさん自身がどこに行きたいのか明確な目的意識が分からなくなった状況のなかで、漠然とした衝動に感情が引きずられている結果である場合が多いと考えられます。これは次のようなたとえにより、理解しやすくなります。青年期の男性に起こりえる、暮れなずむ頃、得も言われぬ人恋しさに引きずられるように雑踏のネオン街へ出て行くような行動に似ています。この衝動は、禁止されるとかえっていや増すものです。しかし、出て行ってはみたものの何をしたいというわけでもなく、しばらくして帰路につくことになります。同様に、先の事例では、徘徊の衝動を満たしたあと、「お疲れではないですか。家に帰りましょう」と声をかけると、「ありがとう。そうしてくれますか」と迎えに来た車に乗るという結果が想定されます。

第10節　施設利用者が掲示板の職員の勤務表を確認に来る意味

　利用者にとって、ケアワーカーは自分を映す鏡です。同様に、ケアワーカーにとって、利用者は自分を見つめ直すきっかけになります。つまり、利用者はケアワーカーに謙虚さと向上心をもたらす研鑽の場を提供すると同時に、ケアワーカーが成長するのを援助していると理解することができます。

　メイヤロフによれば、「成長とはできうる限り学び続けることである。学ぶとはただ単に知識や技術を増やすことではなく、新しい経験や考えの統合化を通して自己の人格の再構築を図ること」（Mayeroff1971：13）です。「クライエントから学ぶ心」は、利用者と真摯に向き合うことによって援助者としての成長が可能になるということに焦点を当てています。

　利用者と援助者の両者の関係においては、学ばしていただくという謙虚さというよりは、学びの場を提供してくれているという対等な関係を思い描くことが適切で、利用者のニーズは同じように見えても一人ひとり微妙に異なるもの

であり、特定の範疇に収めることのできないものであり、常に個別化を念頭に置いて考える必要があります。そのようにニーズをとらえて関わることが、結果的に援助者が利用者から学んでいることになるのです。目の前の利用者は、援助者の知らない歴史の体験者であり、援助者の経験したことのない人生の経験者です。利用者の来し方に向き合い、適切なケアを提供しようとすることで、援助者は書物から学ぶことのできない人生を学ぶことができるのです。利用者は何も言わず語らないとしても、援助者へ提供する学びの場となるのです。対等な関係ではありますが、先達としての敬意を念頭に置いた援助関係であるといえます。

(事例10)
　自力で車椅子移動可能なFさんが、今日も掲示板の前にやってきて熱心に勤務表を見ている。朝方は献立表を、夕方は勤務表をというのが日課みたいな行動になっている。

　Fさんの行動を見て、「毎日毎日、同じものを見て飽きないもんだ」という職員もいるかもしれません。そのような不躾で思いやりに欠ける職員は、介助技術を身につけているとしても、納得した上でチームケアを遂行するには対応に困る存在になります（このような職員の存在が心ある職員にとってストレスの源となり、利用者に対して燃え尽きるほどの関わりを持つ前に、離職に結びつくことにもなり得ます）。
　この事例においては、Fさんがなぜ日課のように掲示物を見に来ているのだろうか、と疑問の芽を育ませることが重要となります。このような、「なぜ」という疑問の探究は、「クライエントから学ぶ心」を育むことにつながると考えられます。
　Fさんの事例を理解する際、ストレスの解消、あるいは予防という観点に注目できます。クーパーとデューイは次のように述べています。「17世紀の終わりごろ、ロバート・フックの著作により……人工的な構造物（たとえば橋）がどのように壊れることなく重い負荷に耐えられるようにつくられているか」(Cooper・Dewe＝2006：4) として「フックが『弾性の法則』をとおして私たちに伝えてくれたものは、構造物に加えられる力である『負荷』、加えられた力

が作用している領域である『ストレス』、『負荷』と『ストレス』の相互作用から生じる、形の『ひずみ』である」（Cooper・Dewe＝2006：4）。クーパーとデューイは『ストレスの心理学』で次のようにも述べています。「ニュートンは、ストレスの生物学的本質について2つの見解を示している（Newton1995）。1つは『ストレスの責任は自分自身にある』というもので、もう1つは本能的な適応を除いては『たぶんそれに対して私たちができることは何もない』」（Cooper・Dewe＝2006：22）。このうちの前者への関わりに注目できます。

　Fさんは、毎朝献立表を見ることでお茶の時間や間食の内容を自分なりに決め、一日の行動様式を主体的に計画立てている可能性があります。自らの行動がストレスを引き起こさないようにしているのです。つまり、施設の食事を完食できるようにすることで、職員から咎めに似た声かけをもらわないようにという気遣い、あるいは生活の知恵と考えられます。

　Fさんは自分自身にあるストレスを回避するために毎朝献立表をみている可能性があります。ところが、このようなことの推測のつかない援助者の場合、利用者に対して己の判断基準で利用者へ接することに結びつきます。つまり、サービス業でありながら、サービスの提供者側が「してあげる」という感覚に結びつくのです。その危険性を防ぐ方法の一つは、介護福祉士自身が「自己を知る」という姿勢を持つことです。利用者の細やかな心配りに気付いた上での援助ができるようになることです。

　この事例の夕方の勤務表を見るという利用者の行動には、職員に対する皮肉がこめられているのです。多くの職員は、このような利用者の行動の裏に秘められた意味に気付き、利用者にそのような気遣いをさせなくて済むようなサービス提供に心がけようと努力します。しかし、思いやりにかけるほんの一握りの職員の場合、そのようなことに気付くことがない可能性があります。

　Fさんが、勤務表からその日の夜勤者の名前を覚え、部屋に帰って、同室者に夜勤者の名前を伝えている場合、同室者との会話として考えられるのは、次のような内容です。

　「今日の夜勤は××さんがいるから、あまりブザーを鳴らさないようにしないとね」
　「きつく叱られるからね」
　「我慢できる範囲は我慢しないと、ネチネチうるさいからね」とか、

「今日の夜勤は〇〇さんだから、手紙の代筆を頼めるわね」
「今日は黙っていても寝返りをさせてもらえるわ」等です。
　これは、「ニーズへの対応」の真の意味を職員が理解するための事例として役に立ちます。「ニーズへの対応」に関する理解として重要なのは、「ニーズとは……単に生活上必要という内容ではなく、生活を送る上での必需的内容に対していう」（田中2005：30）点です。「必需的内容」は次のようなたとえによって、よりよく理解されます。

　　雪の降る１月の夜。乳飲み子を抱えた若い母親が古びたホテルにやってきた。「すみません、部屋が空いてませんでしょうか。小さな部屋でも結構です」と、受付に来ると頭を下げながら頼んだ。ところが、受付の人は「あいにくこの雪でねぇ。いつもでしたら空いているんですが、今日は満室なんですよ」と答えた。受付の人は、乳飲み子を抱えた若い母親が、ほかのホテルが満員で断られてきているのを気付いている。なぜなら、普段はキャンペーンと称して１泊5,000円のところを3,500円にしてもほとんど宿泊客がないのだ。周辺のホテルが満室にならない限り自分のホテルに客がくることは滅多にない。今日もその状況であろうと、判断したのである。「何とか、一晩だけお願いします」と、母親は懇願した。「無理にでもといわれるんでしたら、6,000円出してもらえるんでしたら準備しましょう」と、受付の人が言い、「それで結構です」と、若い母親は同意した。

　このような状況に追い込まれた内容をニーズ・必需的内容といいます。このたとえの場合、本来なら、「足元を見るんでしたら結構です」といいたいのだが、それもいえない状況にあるのです。ニーズのこのような特質を理解することが「クライエントから学ぶ心」に結びつくのです。Fさんの行動を注意深く観察することで、Fさんの気持ちが分かりやすく、「人の痛みを感じる心」や「一人ひとりを大切にする心」にもつながるのです。

第11節　先天性の聴覚障害で、視力を失った高齢者への対応

　「継続は力なり」という言葉があります。持続や持続することの重要性の認識

に結びつきうる「生涯学びつづける心」とは、自分に厳しく、自己を律する援助者の姿勢とも関わるものとして位置づけられます。自分を愛することは、自己を律する姿勢を持ち続けることや、生涯学びつづけることの支えともなります。自分を愛するためには、自分のよい点をたくさん探す訓練が役立ちます。そうすることで、他者のよい点も目につくようになります。自分で自分にご苦労さんといい、自分に褒美を与え、自分を見続けることは、自分を愛するとともに、自分を客観的に見ることにもつながります。

　自分を客観的に眺めることに関して、囲碁のたとえを用いることは理解を深めるのに役立ちます。囲碁の世界に「岡目八目」という言葉があります。対局当事者だと気付かない、見落としていることも、傍から眺めると八目分の気付きがあるという意味です。プロの棋士は対局が終わった後、考察のために最初から打ち直すことができますが、素人の場合はそれができません。前者の場合は、これが最善の一手だと熟慮した石を打っているため２時間たっても思い起こすことが可能でありますが、後者の場合は直感で打っているため、どのような手を打ったか思い出せないのです。介護福祉士にとっても、自分の援助行為を客観的に眺めることができ、後で反省ができるようになることが、自分を客観的に見ることの中核の内容となるのです。

　さらに考察を深めるために重要な概念は、自分の許容量という概念です。許容量を高めるためには、自分の短所も長所も理解した上で長所を伸ばし、短所を克服するよう努力することが有効だと考えられます。このことは、自動車の性能に関する次のようなたとえ話を用いることで分かりやすくなります。時速50キロメートルしか走れない車で時速55キロメートルを出すと、オーバーヒートしてしまいますが、時速100キロメートルで走れる能力の車だと、時速55キロメートルでは安定走行が可能で快適なドライブを楽しむことができます。

　図12に見るように、許容量Aの介護福祉士にとって問題だと思える利用者の行動Xも、許容量がBの介護福祉士にとっては何の問題もありません。利用者の行動を問題視するのは、このような許容量の低さに原因があると説明できます。その上で、まず介護を必要とする人々から出された要求に対しては、頼まれた言葉が終わるか終わらないかのうちに、「それはできません」なんて言葉を発しないことが重要です。

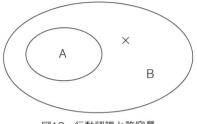

図12　行動認識と許容量

（事例11）
　Gさん（女性）は、もともと耳が聞こえず声も出せなかったが、加齢とともに目も見えなくなった。3畳分の畳を敷いた部屋で生活している。時折、ぶつぶつと一人ごちているが、3〜4カ月に一度はちゃぶ台をひっくり返し、食事を台無しにしてしまうことがある。職員がなだめようとしてもこちらの話すことは伝わらず、目も見えない本人は状況がどうなっているのかも分からず、職員は対応に苦慮している。

　この事例では、「うるさい！」といった言葉を発しながらちゃぶ台をひっくり返すGさんが、イラついているのは確かだが、その原因が職員には分かりません。ある日、いつものように介護福祉士のSさんが配膳し、Gさんの肩を軽く2〜3回たたきながらご飯ですよと声をかけました。すると、この日も機嫌が悪かったのか、「ワー！」というような大声を出すと、ちゃぶ台をお膳ごとひっくり返してしまいました。
　初めてこのような状況に接したSさんでしたが、大騒ぎをすることなく、「ごめんなさいね、いらいらしている内容を分かってあげられず」と、Gさんに謝りながら後片付けをしました。片付けが終わり、調理場から代替食を持ってくると、お膳を入り口付近に置き、再びGさんの肩を右手で軽くたたきながらご飯ですと声かけをしました。すると、肩に当てた手をつかむと、親指と中指で爪を立てるようにつまんできたのです。ちぎれるような痛みに耐えながらも、Sさんは、つまんでいるGさんの手の甲を左手でさすりながら、「ごめんね、Gさんの言いたいことが分からずに」と静かに言いながら、Gさんのなすがままにまかせていました。

すると、しばらくしてＧさんはつまんでいた手を緩めてきたのです。そして、「馬鹿が……」みたいな言葉をぶつぶつ発しながらもおとなしくしていました。すかさず、ＳさんはＧさんの左の手の平を上向きに、右手を口まで運び、食事だという仕草を伝えました。その後で、再びよろしいですかという感じで肩を軽く２～３回たたきました。今度は、うんうんと頷きながらちゃぶ台の前に座ると、食事をしました。

　Ｓさんはこの昼の状況をつぶさに思い出しながら、対応策を考えました。食事ですよという意味で、肩を軽く２～３回たたいたときに、びくっと驚いたようなＧさんの反応を思い出しました。しかし、そのことを気にも留めず、Ｇさんをちゃぶ台の前に座らせようと手引きしたのではなかったか？　そして、座らせようとしてちゃぶ台を触らせたのではなかったか？　その結果が、ちゃぶ台をひっくり返すことにつながったのかもしれない。このときＧさんの驚きを無視したまま行動を強要していたのかもしれない。

　Ｓさんは自分の援助行為を振り返り、次のように分析することができるでしょう。初めに肩をたたくのは名前を呼ぶことと同じ行為であり、次いで、これからすることを伝える必要がある。この当然の事を無視して、ちゃぶ台の前に座らせようとしたところに問題があった。食事ですよと声かける代わりに、Ｇさんの左の手の平を上向きに、右手を口まで運び、食事の仕草を伝えることは重要です。そして、Ｇさんが食事だということを了解した後で、場所を確認してもらうためにちゃぶ台に触ってもらう。このことによってしか、私たちはＧさんと信頼関係を結ぶことはできないのではないか。

　このような理解に基づきＳさんが配膳の援助を続ける場合、たとえば次のような結果が生じ得ます。３カ月ほどの間に、Ｇさんがちゃぶ台をひっくり返すことはなくなりました。その間、１～２度興奮し手をつまむことはありましたが、相手がＳさんだとＧさんにも理解できたのでしょう、最後は手を触っただけで納得してくれるようになりました。

　ちぎれるような痛みに耐え、Ｇさんの手の甲をさすりながら、「ごめんね、Ｇさんの言いたいことが分からずに」と静かに言うだけでＧさんのなすがままにまかせる。このような受容・忍耐を含む援助行為が、意思疎通の困難な人との信頼関係の樹立に結びつきうるのです。このことを理解するうえで、野生の鷹に自分の腕を止まり木だと認めてもらうための鷹匠の次のような行動がたとえ

として役立ちます。

　　鷹匠はまず初めに自分の腕を差し出す。止まり木として安全だということを了解してもらうために。もちろん、野生の鷹に鷹匠の意図が理解できるはずもなく、鷹は鷹匠の腕深く爪を立てるのだ。
　　傷つき傷つけられながら耐えるこの間に、両者に信頼関係が芽生えてくる。「そうか、お前も簡単にはなびいてくれないのか。空の王者としての誇りのために。結構、それほどのプライドを持たなくっちゃね。我慢比べといこうか」みたいな声かけをしながら、鷹匠は痛みに耐えるのだそうである。

　介護における信頼関係も同様に、援助者がまず自分を相手にさらけ出すことが、排泄の介護や入浴時の裸の介護を恥じることなく要介護者が受けられることに結びつきます。自分をさらけ出すということは、実際に裸になるということではなく、本音で利用者に接するということです。おべっかを使っても利用者には見抜かれます。介護の現場は本音と本音がぶつかりあう場、実践の場であると認識することには意味があります。
　介護のプロとしての誇りと自覚は、自分を厳しく律する強い意志と、絶え間ない努力によって身に付くと考えられます。介護とは、他人の人生に直接関わる活動であるだけに、人間学であり、倫理学であり、哲学であると性格づけることができます。援助者が自分を愛し、自分を客観的に眺め、許容量を高めることが、「生涯学び続ける心」と結びついていると理解できます。

第12節　介護の援助全般における対応

　「ともに生きる心」には、共に感じるという要素が含まれていますが、共感疲労などの問題に対処することも必要となってきます。ケアワークはサービス業であると同時に、利用者主体で行われるべき業務です。利用者の望むことを利用者が望むようにケアを提供するためには、援助者が自分の価値観を白紙にして利用者の望みを謙虚に聞くことが重要です。しかし、自分の価値観を白紙に

して利用者の望みに応えようとするところに、「感情労働」[25]としての実践の困難さが生じることにもなります（同じ感情労働ではあっても、ストレス発生の機序に看護と介護では差異があります。看護は障害の受容のできていない患者（病人）と関わることが多く、介護は受容ができつつある人（利用者）と関わることの多い労働であり、ストレス度に対して雲泥の差があるのも事実です）。

対人援助職は人対人の関わりであり、利用者との間で感情と感情の関わりがあります。対人援助職にメンタルケアが必要とされる理由は、対人援助職は投影が起きやすい職業であり、共感を必要とされる職業だからです。さらにいえば、対人援助職は転移や逆転移が起こりやすい職場でもあるのです。

投影が起きることがメンタルケアの必要性につながるのには、投影の持つ、心理的メカニズムに要因があります。ナイによれば、投影とは「自分が持っている受け入れられない特徴を他者に帰属させることによって、それを自分から追い出そうとする試みである。それは、あたかも『それらは彼（あるいは彼等）に属しているものであるので、私の感情、思考、あるいは衝動であるはずがない』と言っているようである。投影している人は、自分が相手を嫌っているとか、害を加えたいと願っているとか、利用したいと思っているとか、悪いことをするとか、敵意を持つなどの情動や考えを、実際には潔白である他者に（実際には、それらの情動や考えを持っているのは自分であるのに）帰属させてしまう」（Nye＝2000：39）。そこで、このような心理的問題を生じやすい対人援助職である介護福祉士にとって、自己の精神的破綻をきたさないで職務を遂行できるようになるために必要となるのが、自己覚知です。

バイスティックによれば、「自己覚知は、自己を受容する方向へ、そして、最後には他者を受容する方向へと導く。問題に対する自分の態度、感情および反応を理解することは、困難に向き合っている他者の態度、感情および反応を受け入れる助けとなる」（Biestec1993：80）が、「この自己覚知がないと、ケースワーカーは、自分の感情をクライエントの所為にするという彼の自然の性向に

25　武井は、さらに著書『感情と看護』のなかで、次のように述べています。感情労働とわざわざ呼ぶのは、労働者と顧客との間でやり取りされる感情に、商品価値があるからです。また、その感情には適切さに関して意識的・無意識的な基準があります。また、適切な感情であっても、表出の仕方や程度には職務上許された一定の範囲があるのです。しかも、それによって労働者としての能力が評価されるのです。これを感情規則というと論じています。

従いがちになる」（Biestec1993：83）のであり、このことがクライエントの受容を阻止することにつながるのです。

　また近藤によれば、「共感とは、1）ある人（A）がある感情を体験し、それを表出しているときに、2）その表出を認知した他の人（B）がAと同様な感情状態を体験し、3）しかもBは自分のなかに生じたその感情と同種の感情がAのなかに起こっている（だろう）と認知している状態、といえるだろう。2）の過程が生起するメカニズムとしては、無条件反射的な同一感情の誘発、情緒的な伝染、同一化、自分の中の同一体験の再生とその投影、想像力による同種の体験の意識的追体験など、さまざまな考え方がある」（近藤1999：127）が、共感性は、クライエントと類似の感情体験があるときに生じやすくなります。それゆえ、國分によれば「カウンセラーは、日常生活でできるだけ多様な感情体験をしておくのがよい。多種多様な人とつきあう、多種多様な状況に身をおいてみる、多種多様な読書をするなどである」（國分2002：12）。

　このように、カウンセリングにおいて共感は積極的に求めるべき内容ですが、共感・同一化によって共感疲労が生じやすいのです。ただし共感疲労は、バーンアウトとは必ずしも一致しません。確かに、心的外傷を負った人が同様な事象を客観的にではあれ再度見聞することによりフラッシュバックすることがあります。しかしそれは意識的に追体験された共感によって疲労がもたらされたというより、共感しようとしてクライエントに相対した瞬間に、心的に外傷を与えた出来事がフラッシュバックとなって甦り、バーンアウトにつながりうるのです。これは、共感に伴う疲労とは異なるものです。混沌の状態にあるクライエントの困りごとをクライエント自身が気付くことができ、解決の方向へ自ら歩みを進めていけるよう手助けするために共感が必要なのです。

　対人援助職にメンタルケアが必要とされる理由は、共感疲労が直接的に援助者のバーンアウトに結びつくというよりも、エンパワメントのセッションに、レディネスのできていない人が参加することで心的な傷を負うことがあるように、ある事象によりPTSDを受けた人が同様な事象のクライエントを受け持たないですむように配慮すべきであるという意味です。また、ワーカー自身が自らの心的外傷に打ち勝つように変容するようなスーパービジョンを身近で受ける環境が整っているかどうかという意味です。

　対人援助は、確かにいわばマイナスエネルギーを受ける職種です。ここに対

人援助職者の自己管理の難しさがあります。しかしそうはいっても、対人援助職者と利用者はある一定の時間枠内での関わりであり、勤務時間を過ぎた後は、対人援助職者はそれ以後の時間を純粋に自分のプライベートな時間として使用可能ですが、要援助者の家族となると、そうはいきません。家族介護者は365日24時間、身内の要援助者のことを忘れるわけにはいきません。要援助者のことはもちろん、家族への支援も、介護のプロである介護福祉士には求められることになります。家族の介護負担の軽減を考慮したとき、要援助者のストレスに対して、介護福祉士にはそのストレスのはけ口になることが求められます。要援助者が介護福祉士に対して発露する甘えや無理を言ったりすることにはそれなりの理由があるのです。

　村澤は「愛情のエネルギー」について次のように述べています。「私たちは自分のエネルギーが枯渇してくると、身近な人から愛情をもらう、注意を向けてもらう、世話をしてもらう、という形でそれをもらおうとしますが、どうしても与えられない場合には、あらゆる手段でそれを手に入れようとするのです。虐待や家庭内暴力も、エネルギーをお互いに奪い合おうとするコントロールドラマのひとつの形だといわれています。でも、残念なことに、愛情のエネルギーに枯渇している人の近くには同じように枯渇している人がいることが多く、エネルギーの奪い合いがより深刻になってしまう」（村澤2006：136）。施設の利用者にとって、愛情を求める身近な人は介護福祉士はじめ、職員になりがちです。

　要援助者にとって、利用者であるお互い同士がぶつかり合うのでは施設生活を送る上で良好な展望が望めなくなります。職員が要援助者のストレスを受け止めてくれることによって、明日への生きる力になりえるのです。しかし、職員とはいえ、マイナスエネルギーにさらされると、自分のエネルギーも枯渇しかねません。そうならないためには、エネルギーの補充が大切になります。しかし職員はエネルギーを注いでくれる場所を探し求めることが可能です。そのために職能団体としての介護福祉士会もあります。

　以上見てきましたように、ともに生きるということは、生半可な気持ちでできるものではありません。ここに、専門職としての専門性と学びが要求されるゆえんが秘められているのです。

　ところが、第2章第2節「1　直接援助技術としての介護福祉技術」のところでも論じてきたように、介助技術（ADL・IADL対応介助技術）に関してい

えば、この技術は専門家にしかできない技術であってはなりません。一般の人にもできる内容でなければならないのです。このように主張しますと、専門性を否定しているように聞こえるかもしれませんが、そうではありません。一般の人にもできる専門的技術というと一見矛盾しているようにも思えるかもしれませんが、一般のドライバーとF1レーサーとの運転の違いについて考えると了解できると思います。両者間に、運転免許という免許を媒介とする共通性はありますが、一般のドライバーにとっては、決められた道路法規のなかだけで運転可能な免許です。F1レーサーのように、競技としてサーキットを疾走することを許してもらえるものではありません。

　F1レーサーは、たとえ風雨の中であろうと、いかなる劣悪なドライブ環境のなかであっても、1分1秒でも早くゴールすることが目標であり、安全に走りきることが求められています。このなかで、使用されている免許は単なる運転免許でありますが、高度な専門的技能を保持した者として社会から認知されているのです。

　介助技術においても同様のことがいえます。介護サービスを展開するなかで用いられる介助技術そのものは、専門家でなければできないという内容であってはならず、誰にでも実践できる内容でなければなりません。一般的に、介護サービスは障害児・者の身内や、高齢者の配偶者や親族が提供するのがほとんどです。だとすると、プライベートな場所で行われる技術が、専門的技法を学んだものにしかできない内容であってはならないのは当然といえば当然です。

　では専門家である介護福祉士の介助技術と家族等の介助技術の差異はどこにあるのでしょうか。この差異が、介護福祉援助技術の中の直接援助技術である介護福祉技術の専門性の保持の有無につながります。つまり、専門家である介護福祉士は、要援助者がどのような状態の人であっても、どれほど気難しい人であっても、適切なケアを提供することができます。さらに言えば、自分がサービスを提供できるだけでなく、家庭における援助者と要援助者の身体的、年齢的、精神的状況等を理解した上で、両者に適した介助方法を指導できる能力を持ち合わせている人だということです。

　しかし、「まさに、誰にでもできるというこの民衆性のために、いまＫＪ法はひとつの壁にぶつかっているのである」（川喜多2002：217）と川喜多が経験してきたように、介助技術もまた誰にでもできる技術でなければならないという

民衆性ゆえに、前後に大きな亀裂を生じさせ、介護福祉技術の進歩を阻んでいます。

前方の亀裂は、民衆性を打破し専門的技術を身につけた介護福祉士を養成すべきだという介護福祉技術の二極化を推し進めようとする動きで、看護技術のように決まった手順で、決まったやり方で生活援助をすべきだという考え方です。しかし、この方法の欠点は、援助者と要援助者の身体的、年齢的、精神的状況等を考慮することなく、一律的なやり方を推し進めようとするところに、個別的な生活支援を無視した援助方法となる危険性をはらむことになります。なぜなら、援助を必要としている人は全介助、一部介助もしくは見守り介助を必要とする人だけではありません。全介助と一部介助、一部介助と見守り介助の間に多くの人々が存在します。これらの人々に対して全介助、一部介助で、もしくは見守り介助で対応したのでは、時には利用者の残存能力を消失させることになり、場合によっては利用者に怪我をさせることになりかねません。全介助、一部介助、若しくは見守り介助の技術が、たとえ100％完璧にできたとしても、です。介護福祉技術は、利用者の状況に合わせて多様な援助法を工夫する必要があることを理解したところで「ともに生きる心」を育むべきです。

後方の亀裂は、民衆性ゆえに専門性はいらないという動きで、専門的技法を学ぶ必要はなく、見よう見まねで対応できるという考え方です。この考えの危険な点は、必要性に迫られたら、たとえ無免許であっても運転してかまわないという無謀さに似た危険性があります。介助技術は、確かに民衆性を持たねばなりませんが、かといってそこにはなんらの専門性もなく、見よう見まねで対応してよいというものでもありません。当然、すべての援助者に対応した基礎的技術があります。つまり、それがボディメカニクスであり、物理学的技法が内在している専門的技術です。

直接援助技術としての介護福祉技術の専門性は、基礎的技術としてのボディメカニクスを論理的にも実践的にも身につけておくという民衆的技術に他なりません。しかし、介護福祉士に求められている専門性は、この民衆的技術に他ならない介助技術の専門性を、いかなる環境の下であっても、いかなる状態の人に対しても、適切に発揮できるということです。

介護福祉技術はこのように、一方では民衆性を保持した専門的技術であり、他方ではあらゆる環境・状態の下であってもプロ的内容を求められる専門家的

技術が要求されるところに誤解を招きやすい内容となっています。「ともに生きる」とは、このように誤解を招きやすい点をいかに克服するかにあります。

第3部
補論：特別養護老人ホームの施設運営の推移
──措置から契約へ

第6章

特別養護老人ホームのあるべき姿
―ケアワーカーの体験から提言する―

　本章では、1986年10・11月、1987年1・2月号の『老人生活研究』に掲載された筆者の論文「特養の現状と問題点―寮母職の体験から提言する―」をもとに、筆者が1976年に特別養護老人ホームに入職し、2001年に老人福祉現場を離れるまでに体験してきた介護現場の実際と、制度の歴史・変遷を重ね合わせながら論を展開することにします[26]。

　なぜこのような古い文章を資料として提示したかというと、資格取得の一元化が2度にわたって延期（2014年、2017年）されたように、いまだ介護の本質性が社会に知られていないのみならず、誤解されているからです。併せて、専門性を有した職員が離職につながらないような職場環境を整える必要があるためです。そのための、博論の前提となる資料として掲載します（本文の内容は当時の原文を使用しています（一部校正）が、下線部は今回加筆した部分です）。

26　2000年の介護保険制度の導入に伴い、それまでの措置から契約へと移行したのであり、いわば措置時代の福祉を知る証言者として、以下具体的に論述しています。

第 6 章　特別養護老人ホームのあるべき姿—ケアワーカーの体験から提言する—　119

特別養護老人ホームのあるべき姿
―ケアワーカーの体験から提言する―

　施設が「収容の場」としてではなく「生活の場」としてあるべきだ、という方向性が示されてから久しく、また、「コミュニティケア」が叫ばれるようになって数年が経ちました。いま、現実的対応として施設の処遇というものを直視してみるとき、果たしてどれほどの成果が両者にあげられているのか疑問です（と述べながら、田中は『老人生活研究』（1986 〜 1987年）で次のように続けています。以下、痴呆等当時使用していた単語をそのまま使用します）。

　生活の場としての施設のありようを追求するあまり、施設本来の姿を忘れ、手のかかる老人（痴呆性老人など）の入所を拒んできた現実――特定の老人のために他の大多数の老人の処遇内容に低下をきたすおそれがあるという理由から――があるが、数少ない良心的な施設ではそれら特定の老人たちと共に泣き笑いの毎日を過ごしてきた歴史があることを忘れてはなりません。特別養護老人ホーム（以下、特養と略す）は非生産の職場であり、基本的処遇を明文化することの困難さは否めないのです。しかし、施設の働きかける相手が実体としての老人であるという点をかんがみれば、一面的に偏った処遇内容が正常な処遇だとは決していえません。

27　この頃の歴史的な状況については、水上（2007：83-85）が論文「介護福祉士養成教育の課題〜国家資格化を省みて〜」で詳細に論じているので省略しますが、水上も触れていない点が本文にはリアルタイムで述べられています。またこの時点で、「収容の場」から「生活の場」へといまだ移行できていないことに関しては、一番ケ瀬・古林（1988）が『「老人福祉」とは何か』の中で、老人ホームの問題点として「①施設数の不足、②貧弱な土地政策の下、遠隔地での建設、③医療との関係の不十分さ、④生存のみを保障し、寝たきりのまま放置しているところ、食事とおしめ替えだけに終始しているホームが少なくない」と述べています（一番ケ瀬1988：41-42）。しかし、大きな要因は職員定数の極端な少なさにあったのです。

28　この頃特養では、歩ける認知症と身体的に障害はあるが知的レベルに問題のない入所者との対応として、「分離収容」「混合収容」なる言葉が使われ、どちらがよいかなどの論議が盛んになされていました。筆者は「混合収容」を主張していました。そのために、施設内の部屋替えが前提条件となっていたのですが。ユニットケアがユニット本来の特色を発揮するためにも、施設内の部屋替えは重要な意味合いを持ちますが、この点に関してはここでは省きます。

29　措置時代は入所 1 〜 2 年待ちという状況から、それほど重度の身体状況でもない段階での申請がなされ、比較的軽度段階での入所が割とありました。しかし、介護保険制度の2002年の改正において、介護の必要の程度や家族介護力の状況などから、施設サービス

特養の処遇はというと、〈a×b×c×d×……＝1〉の式で表されるもので、aの仕事に比重を置くと、他の仕事に対する働きかけは必然的に低下します。bに関して比重を置く場合でも、c・d……に関する場合でもそうです。しかるに、現今の研修会等の意見発表を見るとき、aに関してはaの理想論を、bに関してはbの理想論をというふうに、単独の処遇としては悪くないのだが、全体的処遇の中でながめたとき、他の処遇と遊離した、非現実的と思われる意見が多く見受けられます。

私たち職員の働きかける相手は多面性を持ち、また一人ひとり特性を持った実体であるがゆえに、早急に基本的処遇論なるものの位置づけがなされなければなりません。1で「リハビリテーション」、2で「生理的処遇と精神的処遇」、3で「望ましい処遇確立のための職員定数と基本的処遇内容」を論じ、特養のあるべき姿への提言とします。

1-1 リハビリテーション

リハビリテーションというと生活リハが強調されますが、特養において生活リハは当然のことで、なされていて当たり前のことです。では、なぜ多くの施設で理学療法が実施されていないのか。また、リハビリが実施されていたとしてもそれに参加する介護職員がいないのはなぜか考えると、1つにPTの絶対数が不足していること、2つにPTの職員定数化がなされていないこと、3つに生理的介助に関わる介護職員の多忙さにあると思われます。したがって、PTの職員定数化を早急に明文化するよう働きかける一方、とりあえず地方自治体レベルで全施設にPTを派遣—自治体の職員のPTを、各施設に週1回の割りで訓練に参加できるよう—してもらうことを行政へ働きかけるべきです。[30]

を受ける必要性が高いと認められる人から優先的に入所させるよう努めることが定められ（基準第7条第2項）、このような状況は現在いくぶん解消されています。
[30] 介護保険制度では、機能訓練指導員として、日常生活機能を改善、または減退防止の訓練ができる能力のあるものとして1人以上置くことが可能になっていますが、他の職務との兼務可能となっており、いまだ筆者の言っていた内容にはなっていません。

(1) ADL評価の基準統一について

ADLの判定をするときに注意しなければならないことは、対象となる相手が特養に入所している老人だということです。[31]

つまり、これは単なる身体的能力の判定ではなく—特養におけるリハビリテーションはもとより社会復帰を前提としないのだから、単なる身体的能力の評価は無意味に等しいと思われるのだが、アンケート調査表などを見る限りにおいて、依然として身体的能力の程度差に重点がおかれている—特養における日常生活動作を判定するのでなければならないのです。[32]

次の5段階評価が妥当です。

1度（不能・全介助）、2度（だいぶ劣る）、3度（やや劣る）、4度（平均的動作）、5度（自力にて特養生活がほとんど可能な者）。これを食事・入浴・排せつに当てはめると次のようになります。

ア）食事：1度（全介助）、2度（半介助）、3度（一部介助：おにぎり）、4度（一部介助〜スプーン自力）、5度（独力（刻み食者含む））

イ）入浴：1度（特浴にて全介助）、2度（一般浴にて全介助）、3度（一部介助：座位のみ可〜介助により体を洗う）、4度（一部介助：介助により浴槽に入る〜独力にて体を洗う）、5度（独力）

ウ）排せつ：1度（常時オムツ使用）、2度（夜だけオムツ：昼間は尿便器を介助にて使用）、3度（終日尿便器を介助にて使用）、4度（尿器は自力、便器は介助）、5度（尿便器自力）

特養におけるリハビリテーションは、熟練した職員がマンツーマンで1人当たり30〜40分の濃密な訓練を行って初めて効果が期待できます。というのも、

---

31 施設監査用の資料として、調査しなければならない内容であるのだが、評価基準は、1．できない（全介助）、2．一部介助、3．自力の3段階評価となっており、特養入所者の適切な評価にはつながっていません。そこで、新たな5段階の評価基準を作成したのです。

32 この点は、介護保険制度においても依然として改善されていません。つまり、調査員による一次判定項目の中に、移動・嚥下・食事摂取等において「見守り」という評価内容がありますが、独居者にとって、「見守り」という評価に何の意味があるのでしょう。認定区分が適切になされない要因が、この点にも現れているのです。

対象者は特養入所老人という性質上、ゼロからの対応ではなく、マイナスの状態（拘縮が始まった後）からの対応であるのだから。

ところが、リハビリテーションというとすぐ独力歩行を、つまり杖歩行を考えてしまいがちですが、特養におけるリハビリテーションは、まず独力での寝返り可能な状態（褥創予防に重要）からオムツ外しのための動作—健側で腰の挙上運動ができる—へと移行し、ついでベッドサイドでの起座から車椅子への移乗可能な状態（ポータブルトイレ使用が可能）へと目標を漸次高めていくことが大切です<u>（今日では、リハビリテーションの概念も大きく変化しています。地域リハビリテーションがそれですが、この点については次項1-2地域リハビリテーションを加筆して概述します）</u>。

(2) リハビリテーションの必要性

リハビリテーションの有効性は誰もが認めていると思われますが、理解されながら実行に移せないのはなぜでしょうか。①前述したように、PTの絶対数の不足と職員の技術的未熟さ、②リハビリテーションに参加する何割かの老人のために、多くの時間と職員の努力を費やすことで他の老人が犠牲になるのではないかとの危惧、これらが最大の原因ではないかと思われます。①は、現在県単位でいろいろと努力しているようなので成果を期待するとして、②について述べてみます。

②の考えを持つ人は、個別的ニーズという意味を十分に理解していないのではないでしょうか。つまり、処遇とはすべてに平等でなければならないという命題のもと、画一的に誤った処遇を押し付けてしまう危険性があるのです<u>（この点について、田中は別稿で次のように述べています）</u>。

> 「公平とは均一に対応するということではなく、同じように接するという意味でもありません。介護保険制度下での要介護度に違いがあるように、ニーズへの対応という意味からしたら、提供されるサービス量に違いを設けることが公平なのです。……存在するために求められる必要性とは腹何分的な要素であり、誰にとっても腹何分的内容となるようなサービス提供を言い、必要の度合いに関する限り均一ですが、必要としている内容・量に関していえば異なるのが当然だということです。これが福祉的ニーズへ

の対応であり、……平等という意味なのです」(田中2003：17)

1-2　地域リハビリテーション（この項は、すべて今回加筆しました）

「医学がまずヒトを細分・分析化し、その先にヒトの全貌を捉えようとする努力も遠大であるが、その反対のベクトルにある生活者を統合的に捉えることもまた遠大な努力を必要とする。リハビリテーション医療のベクトルの先には地域リハビリテーションの思想が必要なゆえんである」と大田（2006：3）がいうように、病や障害に苦しむ生活者としての人間を見ようとするリハビリテーションにおいて、地域は重要なキーワードとなります。なぜなら、ヒトは一人では生きてゆけず、社会との関わりの中で生きているのですから。その地域リハビリテーションについて論じる前に、リハビリテーションの言葉の由来を簡略に振り返ってみます。

(1) リハビリテーションの言葉の由来と歴史

リハビリテーションはリ・ハビリテーションと表記できるように、以前持っていた能力（技能）を再び身につけるという意味です。疾病や外傷により、それまで保持していた心身機能が低下した人々を元の状態に戻そうとすることです。

古くは、法を犯し、社会から隔離されていた犯罪者が社会に戻る前に獲得される権利の復権（全人的復権）を意味していました。今日的なリハビリテーションは、第一次世界大戦による傷痍軍人が市民社会に復帰するのを支援しようとして行われた職業訓練や職業指導、いわゆる職業リハビリテーションから始まり、疾病からの回復を促進するための医療手段としての意義が認識されるようになり、医学的なリハビリテーションを重視する方向へと変容していったのです。

しかし、1981年決議された、国際障害者年の「完全参加と平等」に伴い、それまでの医学モデルから社会モデルへの軸足の移行がなされました。1990年になると、「障害のあるアメリカ人法」が制定され、あらゆる障害者に対して平等な機会を備える社会の構築に向けて努力することが表明されました（中村2012：1-27）。

今日では、健康とは疾病がないことだというだけでなく、社会の一員としての状態も含んだ概念として捉えられています。ここに、地域リハビリテーション概念の生まれる萌芽があります。つまり、「地域が自立しなければ国の自立」はなく、「国の自立がなければ国民の自立はない」とする広義の地域リハビリテーション理念の誕生です。

障害者の自立及び自由に関与するリハビリテーション専門職者にとって、エンパワメントは重要な理念です。そこで、まず地域リハビリテーションを論じる前に「コミュニティ・エンパワメント」について論じてみます。

(2) コミュニティ・エンパワメント

コミュニティとは、「目的、関心、価値、感情などを共有する社会的な空間に参加意欲を持ち、主体的に相互作用を行っている場または集団である」（安梅2007：2）。

エンパワメントは、「能力開化、能力強化あるいは権限付与と訳され、個人が本来持っている能力を引き出し、社会的な権限を与えることを意味する。障害の有無を問わず、すべての人の潜在能力を引き出し、質の高い人生を送ることができるように、個人を力づけるという観点から、あらゆる社会資源を検討して、条件整備を行おうとする考え方である」（中村2012：13）。

安梅は、「コミュニティ・エンパワメントは、当事者ひとりひとりの思いを生かしながら、まさに『共感に基づく自己実現』を育む仲間と場所、すなわちコミュニティを作り上げる技法である」（安梅2008：9）として、エンパワメントの原則に次の8点を挙げています。

「①目標を当事者が選択する、②主導権と決定権を当事者が持つ、③問題点と解決策を当事者が考える、④新たな学びと、より力をつける機会として当事者が失敗や成功を分析する、⑤行動変容のために内的な強化因子を当事者と専門職の両者で発見し、それを増強する、⑥問題解決の過程に当事者の参加を促し、個人の責任を高める、⑦問題解決の過程を支えるネットワークと資源を充実させる、⑧当事者のウェルビーイングに対する意欲を高める」（安梅2008：9）

(3) 地域リハビリテーション

国連三機関（WHO、ユネスコ、ILO）が1994年に協議して提出した指針では

次のようになっています。「地域に根ざしたリハビリテーション（community based rehabilitation：CBR）は、障害を持つすべての人々のリハビリテーション、機会均等、社会統合のための地域社会開発における総合的な戦略の1つである。CBRは障害者自身とその家族、組織や地域社会、そして関連する政府機関・非政府組織の保健、教育、社会サービスの複合された努力を通して実施される」（上野2009：623）。

一方、2001年の日本リハビリテーション病院・施設協会における定義では、「地域リハビリテーションとは、障害のある人々や高齢者およびその家族が住み慣れたところで、そこに住む人々とともに、一生安全に、いきいきとした生活が送れるよう医療や保険、福祉および生活に関わるあらゆる人々や機関・組織がリハビリテーションの立場から協力し合って行う活動のすべてをいう」（佐直2009：37）となっています。

このように、両者は共通性といくらかの差異（後者は前者の発展的内容となっている）を持つものではありますが、異質なものであるとまでは言い難いのです。しかし、今日では地域リハビリテーションの概念を一歩進めて、コミュニティ・エンパワメントを伴うリハビリテーションに対して地域リハビリテーションと名づけ、次のような新たな概念を生み出しています。

「地域リハビリテーションの目的は機能的状態の維持、障害（社会的不利）の改善にあり、調整の対象は住宅、地域環境だけではなく、家族、さらに社会文化的制度などの広い範囲にわたっている」（中央法規出版編集部2004：147）。

すなわち地域リハビリテーションとは、地域を人体と同様に見做し、地域が病んでいる状況の下では何らかの障害を持つすべての人々が自らの能力を最大限に発揮し、地域社会の一員としての『完全参加と平等』を実現することは不可能であり、地域自身を積極的にリハビリテートしなければ、様々な人々や機関・組織がリハビリテーションの立場から協力し合って行う活動は望むべくもないとして、地域そのものと地域に根ざしている社会資源（障害を持つ当事者も含む）の活性化を目指す新たな考えなのです。

この考えの前提となっているのは、高山が『保健福祉学』で論じているところの「保健福祉学は、単純に保健学と社会福祉学とを重ね合わせたものではない。保健と福祉の統合により、従来保健又は福祉単独では対応が困難であった複合的な領域においてもその力量を発揮するものである。すなわち、保健福祉

学は保健と福祉の総和に、さらにプラス・アルファの部分の加わったものであるといえる」(高山2000：18)とする内容です。具体的に過去と現在の比較で、保健福祉支援の発展過程を見てみると、次のようになります。「目標」については、「救貧・保護、伝染病の予防、環境衛生等」から「ウェルビーング、エンパワメント、ノーマライゼーション」へ、「対象」は「特定対象」から「住民全体」へと推移し、ここに新たな地域リハビリテーションの考えの萌芽が見て取れるのです(高山2000：13-18)。

安梅は、保健福祉学はシステム科学であり、保健福祉支援をシステムとして構造化を図ると次のようになると論じています(図13-1)。ミクロシステムは対象者、支援、環境の直接的なインターフェースシステム(図13-2)であり、メゾシステムはミクロシステムに直接影響を与えるシステムであり、直接支援機関等が該当します。

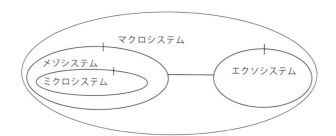

図13-1　保健福祉支援システム構造図

図13-2　ミクロシステムの構造

エクソシステムは、直接支援システムであるメゾシステムに影響を与えるシステムではありますが、対象者とは直接的に関わりを持たないシステムで、他機関等が該当します。またマクロシステムは、法律、自治体の保健福祉計画等、

マクロな視点からの間接支援システムを意味しています（安梅2000：19-27）。

地域リハビリテーションの有効性について富永は、リハビリテーション支援のシステムのモデルとして3つのシステム（物理システム・生物システム・社会システム）を挙げ、中でも社会のマクロ的全体を表示するモデルとしての社会システムについて次のように論じています。

個人レベルでの分析すなわちミクロ社会理論は、それだけでマクロ社会理論に上昇することはできません。ミクロ社会理論が社会レベルでの分析、すなわちマクロ社会理論に上昇することができるためには、個人行為を複数結びつけた、より大きな社会的全体を表示する概念が必要であり、それが社会システムです。ここではシステムを、複数の諸部分がなんらかの有意味な関係によって結びつき、相互に作用しあうことでより全体として統合されたものだとして定義しています。その意味で、自動車は多数の部品によって組み立てられ、全体としてひとつに統合された働きをする機械、すなわち物理システムだとしています。また人体は、多数の器官が組み合わされて、全体として1つの生命体を構成している有機体、すなわち生物システムだと論じています。さらに、家族・企業・国家などは、多数の行為者の行為が結合して、全体として1つの活動体を構成している社会集団や組織だととらえ、社会システムだと論じています（富永2000：87-88）。

社会システムが有効に活用できるためには、システムをコーディネートできる人がいなければならないが、残念ながらコーディネーター養成カリキュラムはもちろん、リハビリテーションコーディネーターの存在意義に関してさえ、いまだ明確に確立されているわけではありません。この点に関しては、福祉系でのリハビリテーションすなわち社会福祉的リハビリテーション（RSW）の新たな分野の確立が待たれるわけですが、今後の課題です。

2　生理的処遇と精神的処遇

入所老人の生活状況は、自力にて特養での生活がほとんど可能な者から、すべてに介護を必要とする者までかなりの開きがあります。この格差が、職員が処遇を実践する上で介助のポイントをどこに置くか、頭を悩ませる問題となっています。

ちょうど学校で先生が授業をしようとするとき、進度や授業内容の基準をどこにおくかで悩む―成績上位者を中心に授業を進めるとおちこぼれを大勢だすし、かといって下位の者に基準を置くと全体的な学力低下をきたしてしまう―ように、いや、それ以上に個人のニーズを尊重した平均的処遇の実践となると、困難な点が多々あります。

(1) 浅く広くの処遇方針しか立案できない点に関しての苛立ち

おむつ交換に関していえば、定時の6回と意思表示のある者にしか随時の交換のできない現実を前にして、老人に対して申し訳ないという思いです。特養の処遇は〈$a \times b \times c \times \cdots = 1$〉の式で表されるもので、決まった時間（8時間勤務）と職員定数を1とおくと、個人のニーズを尊重した処遇 a を実践しようとするとき、必然的におむつ交換の回数 b が減少され、リハビリの一人当たりに要する訓練時間と内容 c も希薄にならざるを得ないのは、致し方ないことです。

だからといって、個々の処遇 b・c のために個人の様々な欲求が否定されてよいというのでは決してありません、個々の処遇 b・c ……が単独で実施されるのでなく、全人的な個としての老人を対象とした処遇であるためには、偏った処遇論は廃止されるべきです。

そこで、処遇実践の限界を前にして職員が考えねばならないことは、有効性です。「これも」「あれも」「それも」したいと、欲を言えばきりがありません。大切なことは、それが本当に実践可能かどうかです。つまり、多種の処遇内容に順位をつけ、高い順位から対処していくことになります（この点が、今日の介護過程につながっています。また、利用者に対する職員の数が、つまり定数1が2にも3にもなれば、対応可能な範囲が広がる・深まるのは当然ですが、制度上は最低人数の確保しかできない状況になっています。この点を打破するのがボランティアの存在ですが、残念ながらわが国の施設において、ボランティア依頼・育成の重要性を訴える者は少ないのです。介護保険制度下において特に重要性が増しているのですが）[33]。

---

33 措置時代は、利用者50人に対して介護職員は11人が法律上の定数でした。つまり利用者4.5人に対して職員1人という割合です。介護保険下では、利用者3人に対して直接処遇職員（介護プラス看護）1人という割合になっています。ユニットケアの中で、心ある

老人のニーズは同じでも、対応の仕方はその時々の状況によって変化させなければなりません。昨日は良かった処遇が、今日は良い処遇といえない場合が、いや、午前中良かった処遇が午後には悪い処遇とさえなる場合があります。
　なぜなら、個人のニーズを尊重することと、思いやりに満ちた全体の統一性を実行することの間に排他性があってはならないのです。処遇は、たとえそれが入所老人の家族に対するものであっても、第三者に見せるためのものであってはなりません。処遇方針はあくまでも、入所者自身の生活向上のために立てられるべきものです。ところが、現状では個別的ニードに対応する処遇には程遠い、浅く広い式の処遇内容になってしまう。ならざるを得ないのです。

(2) 結果が明確に現れない精神的処遇
　精神的処遇を実践したとして、結果が因果関係的に明確に表れることはありません。そのため、生理的処遇に比して怠けているように見られがちです。そのため、特に精神的処遇の苦手な介護職員に咎められたりして、ややもすると介護職員間で反目する結果にならないとも限らないのです。いやそれ以上に、ある施設においては精神的処遇を遊びくらいにとらえる施設長がいるという悲しい事実があります。
　イ) なぜ精神的処遇が重要視されないのか
　従来、特養においても精神的処遇なるものはおろそかにされていました。というのも、寝たきり者のニーズに対して、「なぜ、そのような要望がだされたのか」という原因を探り、そこから「このような処遇をしてこそ、老人の全人格的な幸せにつながるのではないか」という考えに結びつくのではなく、「寝たきり」という状態像に対する対応策としての処遇を行うのが特養だ、という誤った考えが一般的だったのです。
　特養は、身体上もしくは精神面における常時の介護を必要とする老人の生活する場所で、職員の手を煩わすことが当然な人々の起居する生活空間です。そこでは、知的能力のいかんはさほど重要ではありません。かつての日本が、大

施設は2.5対1の割合で職員を採用していますが、報酬費上優遇されているわけではありません。これが、今日的な介護職離れにつながっているのですが、残念ながら施設経営者からこのような声を聞くことはありません。この点に関しては、別稿「介護保険制度を持続可能にする施設経営の在り方に関する一考察」(田中2013)で詳細に論じています。

半の文盲の人々の手によって成り立ってきたように、重要なのは、生活適応能力です。

　いま、精神面に重点を置いた処遇を行おうとすると、一時的に生理的処遇の向上を望むことはできなくなります。しかし、これも一時的なことで、結果的には両者ともに向上を見るようになるのですが、グループワーク等の多様さ、つまり対外的な派手さに目を奪われた処遇方針を立てている施設では、目に見えて効果の表れない精神的処遇に力点を置いた処遇方針は考えられないのです。

　ロ）痴呆問題と精神的処遇

　現在、特養において痴呆問題が重要な関心事になっていますが、これほど騒がれるようになった背景を見ると、1つに、1983年2月より施行された老人保健法により、これまで症状は固定していたものの、家族の引き取りがないという理由で退院できなかった老人が、大量に病院より放出されたことに起因しています。病院は出されたものの帰るところがなく、いきおい特養への大量入所となったわけですが、この中に痴呆性老人が含まれていたのです。2つに、流行とでもいうか、長谷川式簡易知的機能評価スケールの安易な使用により、特養が知的能力のいかんのみを重視するようになり、これまで問題老人として生活適応能力の不足に頭を悩ましながら処遇してきたことを忘れ、単に痴呆性老人の在園者に占める割合に注目し、結果として施設全体の処遇困難を打ち出すようになったからです。

　特養の処遇は、対外的に見て明確に提示しえるものではありません。ちょうど、身なりで人格が評価されないように。ところが、多くの施設では外部の目を気にするあまり、第一印象の善し悪しを重視する傾向にあります。掃除などの処遇に重点が置かれ、不潔行為や大声を出すなどの対外的に見苦しい老人を静養室に閉じ込め、安閑としている状況が見受けられます。特養が本当に老人の生活する場所であり、第三者に見てもらうための施設（うがった言い方をすれば観光地）でないなら、少しぐらいの家の汚れを気にするより、老人の笑いを引き出す工夫が、努力が大事です。見栄えのよい、立派な建物の中でギスギスした毎日を送るより、見かけはそれほどでもないが、思いやりのある家庭で生活する方がどれほど精神衛生上すばらしいことか。日本には日本的処遇があるはずで、私たちは日本的処遇を確立するよう修練しなければなりません。

痴呆性老人の問題がマスコミ等で喧伝されるようになり数年経つというのに[34]、現実的対応に遅れている理由がどこにあるかというと、1つは「対外的な目」への意識過剰であり、2つに、旧態依然とした老人4.5人に介護職員1人という職員定数です。ところが、施設長の中には老人の個別的ニーズに対する処遇論より、介護職員に対して精神論を説きたがる人がいますが（利用者を本当の自分の親と思えばオムツも素手で替えるはずだし、親身のケアができるはずだ等々）[35]、実際問題として役に立ちません。

　本当に望まれていることは、日課という決められた時間的流れの中で、突然に発生した老人のニーズにどこまで、どのように応えるかという方策であり、技術です。やみくもに体を動かせばよいというわけではありません。それゆえにこそ、処遇の有効性が求められるのです。もっとも、この有効性を認めるためには相応の学習を必要とします[36]。

3　望ましい処遇確立のための職員定数と基本的処遇内容

　これまで、施設は老人処遇に関する高度の知識と専門的道具を有していたにも関わらず、施設の内部にのみ目を奪われ―介護職員の定数が最低限度しか認められていないことを思えば止むを得ないといえるのだが―社会から遊離した存在になっていたのは、否めない事実です。というのも、老人問題がこれほど叫ばれるようになって久しいというのに、「病身の妻を殺して介護者も自殺を図る」という事件が依然として後を絶たないところをみると、施設が真の意味で社会化をなしていないことの証左ではないでしょうか。

　「在宅ケアとして、ショートステイ、給食サービス、入浴サービス、デイ・ケアなどを実施しているではないか」[37]と反駁があるかもしれませんが、これらは

34　本稿は1986年に記述されたものであり、痴呆性（今日の認知症）老人問題が顕在化したのは1983年以降のことです。
35　素手で排泄介助をしたとき、ズボンを上げ、掛け物をかけるとき汚れた手で対応せよというのか。それとも、ズボン等を下げたままの状態で手を洗いに行けというのか。このような言葉が現場を知らない施設長等からよく発せられたものです。
36　これがケアカウンセリングであり、本文第4章以下で詳述してきた内容です。
37　この頃のデイ・ケアは今日の医療系の行うサービスではなく、「ナイト・ケア」に対応した特養の行うデイサービスのことを言っています。特養における「ナイト・ケア」の実践的結果として、通過施設（中間施設）の有効性が打ち出され、老人保健施設が建設さ

枝葉の一つであり、根幹をなすものではありません。というのも、これらのサービスは施設の積極的な働きかけによるというよりは、来るのを拒まず的な要素の強い、どこかよそ事みたいなこととして老人問題を考えている感を拭い去れないからです。真のコミュニティケアとは、単に施設の門戸を開くというだけでなく、施設が地域において、老人問題を解決すべき中核となり得るような位置づけまで地域に溶け込むことです。地域と施設の相互交流がなされない限り、前述のような悲惨な事件が後を絶たないで起こるのです。

　いま、社会資源の一つとして施設を位置づけようと考えるとき、10年後、20年後を展望した施設処遇論なるものを論じる必要があります。もちろん、これは施設単独でできるわけではありません。ビジョンとしての青写真を確立して、行政に働きかける問題です。昨今の中間施設構想論等をみても、確かにある時期に達したとき、それらの必要性は認められるかもしれないが、現在、早急になされるべき問題は他にあります。それを以下に述べます。

1）地域における施設の役割（提言1）

　老人福祉のみならず、福祉の基本は在宅ケアにあります。ところが、老人が身体面もしくは精神面に障害を持つようになると、家族にとって現実は、たちまち否定的な状況を呈するようになります。障害のある老人を家庭に抱えることは、介護者にとって自由がなくなることを意味します。特にそれが老人世帯になると、介護者は心身ともに疲れ果て、ついには死をも考えるようになります。

　高度の核家族という今日的な社会情勢上、これから老人世帯が増えるのは必定です。そのためにも施設は門戸を開くだけでなく、それら介護世帯の悩み・介護の負担を軽減するように、積極的に地域に働きかける必要があります。ところが、現在の職員定数ではそれは不可能です。そこで、行政の実施しているホームヘルパー制度（<u>社会福祉協議会等へ委託している事業</u>）を施設処遇に組み入れるよう要請するものです。

　行政側でも現在いろいろな在宅サービスを実施していますが、残念ながら、それは濃厚なサービスを必要とする家庭には及んでいない、というのが実情で

　　　れるようになったのです。

す。というのも、ヘルパーは老人介護の専門家ではなく、家政婦的役割を果たしているに過ぎないのです（中にはすばらしいヘルパーがいるのも事実だが[38]）。軽度のサービスを必要とする世帯にはそれでも確かに役立ちますが、早急に濃厚なサービスを受けなければならない世帯が地域には大分うもれています。福祉従事者は、表面的な現象に惑わされることなく、図14に示すような抜本的な問題に言及する必要があります。そのために、

①特養（定員50人）は指導員（ソーシャルワーカー）2人を定数とし、地域よりの苦情・相談等を電話のみならず直接受け付け助言する。また指導員は各々が交互に、週に数回地域に出向いて講習を行い、老人福祉の啓蒙を図ると共に、ボランティアの発掘・登録・教育などにあたるのです。

②これまでの家政婦的な役割をなすホームヘルパーではなく、図14に示されるような濃厚な援助（入浴介助・簡単なリハビリ等）をすることができるような位置づけが必要です。そのために担当範囲を学区制とし、学区毎に介護職員1名、運転手1名を増員し、また3学区毎に1人の割で看護師を配置し、高度な援助体制を組織化すべきです。と同時に、軽度のサービスに関しては、要援助家庭の生活状況により、有料とします[39]。

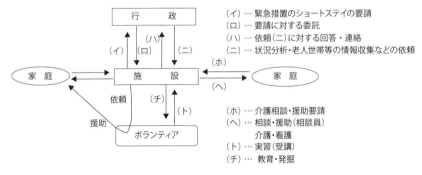

図14　地域ケアを推進する施設の役割

38　「社会福祉士および介護福祉士法」が成立したのが1987年で、本原稿を書き上げた頃は、まだ有資格者としての専門家はいなかったが、ヘルパーが、特養における介護職員のように重度の身体的ケアを中心にサービス提供していたわけではありません。その意味での専門家でないという趣旨であり、家事援助に関していえば施設職員より専門家であることは確かです。

39　①と②の提言に類した制度として、在宅介護支援センターが高齢者保健福祉推進10カ年戦略（ゴールドプラン）に基づき、1990年に創設されました。

③給食サービス等を実施するとなると、調理員２人の増員、配達にはボランティアの手助けを必要とします。そのためにも指導員のボランティア教育・発掘が重要な役割を占めます。

④在宅ケアを推し進めるために、これからデイ・ケアが重視されてくると思われます。そのための職員として、指導員１人、介護職員２人の増員が必要です。

このような提言をすると、すぐ財政難を訴えると思うが、施設を新設しそこで介護する費用を考えると、まして在宅ケアがなされるとすると、既存の施設に十数人の職員増の負担は苦にならないはずです。

２）施設処遇（提言２）

上述した提言内容を現在の職員定数で行うとなると、納得いく結果を得ることはできません。また、施設処遇の内容が数字で表れるものでない限り、たとえ職員定数が増えたにしても、望ましからぬ処遇を実施しながら、安閑としている施設が出てくるであろうことは、現状のままでは否定できません。施設色という大義名分で標準処遇がないがしろにされないためにも、最低限度の基準日課なるものが必要です。基準日課というキャンパスの上にこそ、各施設特有のカラーは塗られるべきです。[40]

（イ）オムツ交換

上述したように、現在の職員定数では定時の６回と、意思表示のある人のみを対象とした随時交換しかできません。これを意思表示のない老人までへと随時交換の枠を広げるとなると、これだけに要する介護職員の増員が４人は必要です。

（ロ）食事時間帯

７時半朝食・12時昼食・18時夕食開始の時刻に１時間の食事時間を設け、全介助・一部介助者に食事をしてもらう。また、独力で可能な老人には、昼・夕食の時間枠を各々１時間半増設し、本人の都合のよい時間に食事してもらう。

40　介護保険制度下では、施設の差異が介護報酬の中で複雑に変化しています。つまり、施設開設年度に関係ない、一定報酬がそれです。開設年度に関係ない一定報酬制度が施設経営になぜ悪影響を与えているかについては、「介護労働者の現状と課題」（田中2010）で論じています。

もちろん、そのために保温可能なストッカーが必要ですが、この計画を実行するために、介護職員が4人、調理員4人の増員を必要とします。

(ハ) リハビリテーション

訓練を行うこともちろん大事ですが、目に見えない潜在能力を、老人の秘めた可能性を職員が把握し、不足する部分を補うためにも、正確な判定が必要です。そのためにも、特養にはPTの定数確保が必要です。

(ニ) その他

全般的な介護員の仕事の流れと老人との円滑な信頼関係を保持する上からも、介護長・副介護長の位置づけを制度化（指導員・栄養士等と同様）する必要があります。そのために2人の職員増が求められます。以上の処遇向上に必要な職員の最低増のもとで行われる基準日課表の試案は表7のようになります。

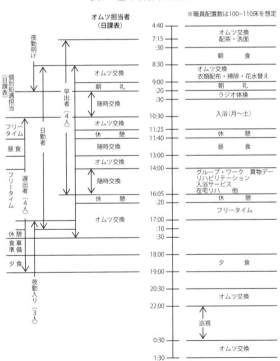

表7　基準日課表試案

3）施設職員に求められる資格（提言3）

　特養入所老人は、介護の手を必要とするからこそ入園しています。つまり、手がかかるのが当たり前だということです。ところが、特養に就職していながら、この当たり前のことを忘れ、「○○さんは本当に手がかかる」と、ぶつぶつこぼしながら処遇している職員がいます。

　職員も生身の人間である以上、体調や精神状態により、普段なら何でもないと思える老人の言動、頻繁なナースコールに対して、立腹することや情けない思いを抱くことが時としてあると思います。あって当然です。それを、「福祉施設の職員たる者、そんなことを思ってはならない」というのは、詭弁です。介護職員は聖職者ではないのですから。

　しかし、それを顔や態度に表してはいけません。表情や態度を変えずに対応できるようになる。それがプロとしての職業人です。たとえば芸人が、片親が危篤と知りながらも高座に上がっているとき、心の中の不安や焦りを客に微塵も気づかれることなく、笑いを振りまくように。

　施設に老人がおり、職員の手・足を必要としている限り、処遇内容を絵空事にしないためにも、職員は注意の眼を、意識の方向を老人に向けるよう努めなければなりません。また、ややもすると机上の空論になりかねない議論を重ねないためにも、次のような資格論が必要です。

　①短大や福祉専門コースを卒業した者に福祉主事補（仮称）を認定します。福祉主事補が施設に採用され、1年勤務すると福祉主事になるのです。

　②無認定、つまり福祉主事補をもたない者でも、採用され、勤務につきながら1年間の研修を終えた段階で福祉主事補を認定し（もちろん、2年後、3年後に主事補を認定される者もいる）、さらに1年経つと福祉主事になります。これは資格ではありません。あくまでも資格取得の条件といったところです。真の資格はどのようにして取得するのかというと、前述の福祉主事者で、

　③3年以上の経験年数があり、中級程度の講習を終え（施設からの推薦で参加可能——人物を施設が認定した者）、テストに合格した者（この講習やテストは、全国的に共通した講座を設けて実施されるべきである）に1級福祉者（仮称）の免許を授与します。

　④福祉大学卒業生は、卒業と同時に1級福祉者の免許を授与します。

⑤一般大学卒業生は、勤務に就きながら半年の福祉講座を終了後、1級福祉者の免許を授与します。

⑥さらにその上に、1級福祉者で5年以上の経験年数を有し、上級の講習(看護学・精神学・心理学・哲学等)を終え、テストに合格した者に上級福祉者(仮称)の免許を授与するのです。

以上のような制度を確立し、給与体系もこれまでのように一律に昇給する年功序列的ではなく、上級福祉者を指導員の位置と同等に置くような働きかけがなされなければなりません。ところで、ただ単に経験年数だけで1級の免許が授与されるようなことがあってはなりません。これは客観的なライセンスで、自己都合により退職した免許保持者が、再就職するときにも絶対有利になるような権威ある免許でなければなりません[41]。

ところで、「介護職は老人の命を預かる重要な職場である」と誰もがいいますが(特に施設長や指導員はそういって檄を飛ばしますが)、それほど大事な職種に福祉大学を卒業したものが介護職員として職に就いているという声を聞かないのはなぜだろうか。これなど大学を卒業したら、すぐ指導員になれるところに問題があります。そして、現在の職種体系では、どれほど優れた人物であっても、たとえ以前はどこかの施設の指導員だったとしても、介護職員という職種で採用されたとすると、介護職員という枠を仕事上でも給与面でも出ることはありません。そこで、指導員にも介護職を5年以上経験して初めて指導員になれるという資格要件が必要です。

⑦福祉大学卒業生は、卒業と同時に指導員補(仮称)の免許を授与します。

⑧指導員補として就職し、介護職を5年以上経験し、上級の講習を終え、テストに合格して指導員の免許を授与されるか、1級福祉者として介護職に就職し、介護職を5年以上経験して上級福祉者になるか、2つの道を設けるべきで

---

41 これらの内容が介護福祉士という国家資格につながり、さらに今日的問題となっている専門介護福祉士などにつながっています。あわせて、キャリアパスの原型がここにあると思われます。しかし、能力給に対応するところの人事考課については、いまだ福祉施設において十分に開発されていません。この点に関しては「介護保険制度を持続可能にする施設経営の在り方に関する一考察」(田中2013)で論じています。

す。また看護職では、

⑨准看護師が1年以上施設勤務を終えると看護主事（仮称）となり、さらには5年以上の経験年数と中級程度の講習を終えテストに合格すると、1級看護福祉者（仮称）の免許を授与します。

⑩看護師は1年間施設勤務を経験すると、1級看護福祉者の免許を授与します。

⑪1級看護福祉者が5年以上の経験年数と上級の講習を受けテストに合格すると、上級看護福祉者の免許を授与します。

以上の資格論をもとに職員構成を作成すると、図15のようになります。

図15　特養における職種体系

「敵を知り己を知れば百戦危うからず」というように、指導員や上級福祉者が、施設の日常生活における様々な処遇の何たるかを身をもって知ったうえで学術的論議をつくしたならば、日本の施設運営はこれから先、大幅な進展を遂げるであろうと思われます。と同時に、学校教育において現実的な福祉施策等を教育するカリキュラムを早急に作成する必要があると思われます。

昭和44年、筆者がK大学の農学部に入学したころも、また卒業時も、福祉に関する体系づけられた教育を受けたことはありませんでした。たぶん今日においても、特別な学科でない限り、福祉教育はなされていないと思われます。学校教育における全般的な福祉教育が、すべての一般教養で実践され得ることを切に期待し、本稿の結びとします。

あとがき

　9年後には国民の3人に1人が高齢者（2025年：30.3％予測）という社会がすぐ目の前に来ている今日、介護福祉を取り巻く状況は大きな社会問題となっています。今日の状況を予測して「社会福祉士及び介護福祉士法」において、介護福祉士という専門家を誕生させたのが1987年、29年前のことでした。この間、介護福祉士の専門性がどれほど向上したかというと、残念ながら目に見えて明らかにはなっていません。要因のひとつが、専門性の曖昧さです。

　介護福祉のプロである介護福祉士を養成する教育機関においてさえ、これが介護福祉士に求められるコアである専門性だと（求められる介護福祉士像として12の項目を挙げてはいますが、これがコアである専門性だというわけではありません）明確な意図のもと教育がなされていない状況にあることは、本論で述べてきた通りです。

　そこで筆者は、介護福祉援助技術の中の直接援助技術を体系化することで介護福祉士のコアである専門性が視覚化できるよう試みました。この中で、介護福祉技術の専門性の中のADL対応介助技術とIADL対応介助技術は、素人ができる内容に改良しなければならないことを強調する中で、老老介護・家庭介護なる言葉があるように、介助技術は本来一般化されているべき技術であることを明らかにしてきました。

　本論文においては、社会福祉という専門性と基調を合わせることで、混沌と

している介護福祉と介護の専門性を区別したうえで両者の定義を比較検討しながら、最終的には両者が同義とすべきことを示しました。将来の展望を見越したうえで専門性について論じると、専門家の行う援助に対して介護福祉と呼ぶのか介護と名付けるのかについても、専門家の行う援助は最終的に「介護」で統一されることが妥当であることを論じました。そのことで、専門家の介護と家族介護との差異化が明確に図れることになるのです。

その上で、物事が熟成するには、それ相応の熟成期間が必要であるように、プロの介護福祉士を養成するためには、4年という養成教育の期間が必要だということを明らかにしました。しかし、名称独占である介護福祉士教育が4年課程終了後、国家試験合格で資格取得となる資格取得の一元化に関しては、残念ながらいまだ混沌の中にあり、今後の課題として残ったままです[42]。

この差異を解決するために必須の技術がケアカウンセリングであることを、様々な事例をもとに分析解明してきました。ケアカウンセリングはケアワーカーに求められるコアな専門性であり、カウンセラーやソーシャルワーカーの専門性とは異なることを示しました。

ケアカウンセリングを実践するためには自分の提供している援助内容が本当に利用者のためになっているのか、利用者の価値観に徹底的に寄り添っているのかという自己反省がなければなりません。利用者の価値観に徹底的に寄り添う姿勢、介護のコアである専門性の根底に流れているのがケアカウンセリングマインドです。

本論文では、介護の専門性が機能されるためには介護のコアである専門性が必要であることを論じ、プロの介護福祉士には介護福祉直接援助技術が身についていなければならないことを述べてきました。しかし、ケアカウンセリングの有効性を実証することが主目的である本論文において、介護福祉のコアである専門性（使命）の土台となるケアカウンセリングマインドをどのようにして身につけるかという点については詳細に論述することができませんでした。ま

---

[42] 2014年1月、突然国試の一元化が1年間延長されるとの情報が新聞に掲載され、2月に改正法案（「地域における医療及び介護の総合的な確保を推進するための関係法律の整備等に関する法律」）が国会に提出されました。介護人材対策の検討の一環として、介護福祉士の資格取得方法の見直しの施行時期を2015年度から2016年度に延期するというものです。2014年11月1日現在、一元化のめどは立っていません。

た本論文は、介護福祉援助技術の中の直接援助技術について論じることを主目的としており、間接援助技術、関連援助技術については今後の課題とせざるを得ませんでした。

　ケアカウンセリング技法を身につける方法として今後検討すべきなのは、①スーパーバイザーの養成と同時に、介護福祉士が②カウンセリング、③スーパービジョンを学び、④セルフスーパービジョン（自己スーパービジョンを行う事）の技法を修練・体得することです。これらは図16における介護福祉援助技術の中の関連援助技術とでもいうべき内容であり、小嶋がケアワークとソーシャルワークの両者の共通基盤として面接技術・コミュニケーション技術を中心にケアマネジメント、カウンセリングなどを位置づけている内容と類似しているものです（小嶋2014：74）。

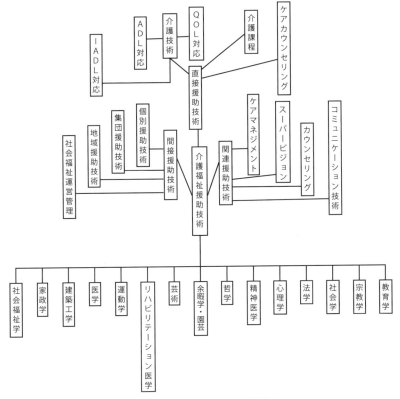

図16　介護福祉援助技術の俯瞰図

また、ケアカウンセリングの有効性に関する指標についても、高齢者ケアに関しては利用者本人から直接アンケートを取ることも困難な場合が多く、本稿では必ずしも十分に提示できていません。表8に見るように、①ポジティブな言葉（ありがとう・助かりました等々）とネガティブな言葉（すみません・申し訳ありません等々）の差異で評価するか、②笑顔や楽しそうな態度と落ち込んだ、ふさいでいる態度との差異による評価、もしくは③自己主張のみならず、チームケアが適切に展開できているか等々から評価せざるを得ない点が本研究の限界です。

表8　事例にみるケアカウンセリングの有効性に関する評価の視点

事例	事例の枠組み	有効性に関する評価の視点
第1節事例1	ケアワーカーのルーティンワークにない利用者からの申し出に対する対応	利用者のポジティブな言葉（有難う・助かりました等）とネガティブな言葉（すみません・申し訳ありません等）の差異で客観的評価可能。優先順位との関係性のなかでの評価は難しい。
第2節事例2	認知症者の特異な行為（人形に対する摂食援助行為）の了解と接し方	不安な状況にある利用者に対し、適切なコミュニケーション（面接）技法により安心感を与えることが出来るか。食事をするなどの言動で客観的評価可能。優先順位との関係性のなかでの評価は難しい。
第3節事例3	日課表は必要悪だという意味を知ること。家事と育児に関わる差異を認識した援助活動	日常業務の中で、どれが家事的業務であり育児的仕事かの区別がつけられるかテストで評価可能。コアである専門性（使命）の理解により客観的評価可能。
第3節事例4	食事介助の場における不適切な介助が起きる要因について	日常業務の中で、どれが家事的業務であり育児的仕事かの区別がつけられるかテストで評価可能。介護技術の観察により、客観的評価可能。
第4節事例5	「死にたい」という言葉に秘められた意味をどのように理解するか	適切なコミュニケーション（面接）技法により、利用者が安穏な生活を送ることで客観的評価可能。コアである専門性（使命）の理解により客観的評価可能。
第5節事例6	夜間せん妄的な不穏行動への適切な対応について	適切なコミュニケーション（面接）技法により、利用者の言動が落ち着くことで客観的評価可能。
第6節事例7	減塩（体に悪いと分かっているが、利用者の希望）に対して、どのように対応するのか	徹底した利用者主体（介護の使命）のケアができるかどうかで客観的な評価可能。コミュニケーション（面接）技法のプロセスを観察することで客観的評価可能。
第6節事例8	利用者の意志とは異なる、家族からの申し出に対する援助内容への応答	利用者中心ではあるが、家族との関係性も考慮した対応ができるか。コミュニケーション（面接）技法のプロセスを観察することで客観的評価可能。
第7節事例9	日常的な帰宅願望の訴えのある認知症高齢者への対応	利用者の反応（怒りや落ち着き等）を観察することで客観的評価可能。コミュニケーション（面接）技法のプロセスを観察することで客観的評価可能。

第8節 事例10	施設利用者が掲示板の職員の勤務表を確認に来る意味。何気ない行動の意味の理解	コアである専門性（使命）の理解により客観的評価可能。コミュニケーション（面接）技法のプロセスを観察することで客観的評価可能。
第9節 事例11	先天性の聴覚障害で、視力を失った高齢者への対応	適切なコミュニケーション（面接）技法により、利用者の言動が落ち着くことで客観的評価可能。介護技術の観察により、客観的評価可能。
第10節	介護福祉の援助全般について（事例は提示していない）	コミュニケーション（面接）技法により、チームケアが適切に展開できるかどうかで客観的に評価可能。ソーシャルワーク的視点が求められる。

　障害者ケアにおいては、利用者本人や家族からアンケートを作成することで指標を作成することができると思われますが、この点に関しては今後さらに深める必要があります。障害者に対する指標が、高齢者に対しても使用可能になると思われるからです。

　さらに言えば、医療ニーズの高い人々が地域包括ケアの対象者になるなど、医療・介護を取り巻く状況は大きく変化しています。その中で、施設の介護職員にとって、夜勤時に医療的ケアを実践する必要性が増えてきたことは、大きなストレスの一つになっていると思われます。国家資格の一元化の延期や医療改正の動向とも相まって、介護福祉現場はより複雑化し、より専門化してきているのです。コアである専門性（使命）を身につけた介護福祉士の専門家の誕生が待たれる要因はそこにもあります。

　介護の現場で、プロである介護福祉士の皆さんが仕事に生き甲斐を持ち、業務に見合った報酬を得ることができ、自信を持って生き生きと勤務されている姿を想像しながら、ペンを置きます。

　先駆者としての困難さと楽しみを味わえる幸運を感謝できる皆さんへ。

引用文献

安梅勅江（2000）「第2章　システム科学と保健福祉学」高山忠雄編著『保健福祉学』川島書店．

安梅勅江（2008）「コミュニティ・エンパワメント―当事者主体のシステムづくり―」『小児の精神と神経』48 (1), 小児精神神経学研究会．

安梅勅江（2007）「第1章　健康長寿エンパワメントの理論」安梅勅江編著『健康長寿エンパワメント』医歯薬出版, 2-11．

池川清子（2008）『看護―生きられる世界の実践知』ゆみる出版．

池辺寧（2004）「ケアの倫理―相互依存と責任―」『奈良県立医科大学看護短期大学部紀要』vol.8：8-22．

石井哲夫（1995）『自閉症と受容的交流療法』中央法規出版．

石附知実（1999）「第13章　こころの理解―行動科学の世界―」島悟編『ストレスと心の健康』ナカニシヤ出版, 95-99．

一番ケ瀬康子（2001）「老人ホームの在り方について」一番ケ瀬康子・古林佐知子著『「老人福祉」とは何か』ミネルヴァ書房, 39-44．

一番ケ瀬康子（1994）『介護福祉学とは何か』ミネルヴァ書房．

上野悦子（2009）「CBR（地域に根差したリハビリテーション）」伊藤利之・京極高宣・坂本洋一他編集幹事『リハビリテーション事典』中央法規出版, 623．

梅香彰（2001）『生きるのが楽になる哲学の本』光文社．

大田仁史（2006）『地域リハビリテーション原論』医歯薬出版．

岡由紀子・安德弥生（2006）「コミュニケーション能力を高めるための教授方法の開発」日本介護福祉教育学会『介護福祉教育』No.22：74-80．

越智浩二郎（1998）「防衛機制」梅津八三・相良守次・宮城音弥・依田新監修『心理学事典』平凡社, 758-760．

Orme, J. and Glastonbury, B. (1993), *Care Management, The Macmillan Press Ltd.*（＝1999杉本敏夫訳『ケアマネジメント』中央法規出版）

介護福祉学研究会監修（2002）『介護福祉学』中央法規出版．

介護福祉士養成講座編集委員会（2009）『介護の基本Ⅰ』中央法規出版．

片山徹（2009）「介護福祉士教育における社会福祉援助技術演習の授業の組み立て―『介護』に関連づけた演習のあり方に関する考察―」日本介護福祉教育学会『介護福祉教育』No.27：41-47．

釜谷明生（2007）「『ケアの倫理』研究の現状と課題―キャロル・ギリガンの『ケアの倫理』理論を通して―」日本介護福祉学会『介護福祉学』vol.14：78-83．

川喜多二郎（2002）『発想法』中公新書．

川本隆史（2005）『ケアの社会倫理学』有斐閣．

鬼崎信好（2007）「社会福祉事業の施策と法制」鬼崎信好編集『四訂社会福祉の理論と実際』中央法規出版, 74-81．

工藤のり子・長根裕子・白取肇他（2010）「高齢者施設での新人職員教育における成果と課

題」日本介護福祉教育学会『介護福祉教育』No.28：78-86.
Cooper, C. and Dewe, P.（2004）*STRESS : A Brief History, First Edition*, Blackwell Publishing Ltd,.（=2006．大塚泰正・岩崎健二・高橋修・京谷美奈子・鈴木綾子訳『ストレスの心理学』北大路書房, 4）
國定美香（2005）『介護福祉概論』ミネルヴァ書房．
倉田康路・滝口真監修（2011）『高齢者虐待を防げ─家庭・施設・地域での取り組み─』法律文化社．
Gordon, M.（1994）*NURSING DIAGNOSIS PROCESS AND APPLICATION*, Mosby-Year Book, Inc.（=1998．松木光子・江本愛子・江川隆子・小笠原知枝・近田敬子・草刈淳子訳『看護診断』医歯薬出版）
國分康孝（2003）『カウンセリングの理論』誠信書房．
國分康孝（2002a）『カウンセリングの技法』誠信書房．
小嶋章吾（2014）「介護福祉学の構築に向けて─ケアワークにおけるソーシャルワークの不可欠性─」日本介護福祉学会編『介護福祉学』vol.21 (1)：70-76.
近藤邦夫（1998）「感情移入」梅津八三・相良守次・宮城音弥・依田新監修『心理学事典』平凡社，126-127.
佐藤悠（2010）「見過ごされたケアの責任と平等─リベラルな依存の公共哲学─」『早稲田大学文化構想学部現代人間論集2011卒業論集』1-21.
佐直信彦（2009）「地域リハビリテーションの展開と展望」伊藤利之・京極高宣・坂本洋一他編集幹事『リハビリテーション事典』37-40, 中央法規出版．
嶋田芳男（2007）「高齢者福祉領域における社会福祉援助技術を援用した介護実践とその教育方法」日本介護福祉教育学会『介護福祉教育』No.23：49-56.
白石旬子・大塚武則・影山優子・藤井賢一郎・今村幸充（2010）「介護老人福祉施設の介護職員の『介護観』に関する研究」日本介護福祉学会編『介護福祉学』vol.17 (2)：164-174.
白澤政和（2003）「ケアマネジメント」白澤政和・渡辺裕美・福富昌城編著『[福祉キーワードシリーズ] ケアマネジメント』中央法規出版．
杉渓一言（2003）「カウンセリング・マインドは、ケアの原点です」井上千津子・田中由紀子・釜土禮子・田中安平編『介護の本音ジャーナル』インデックス出版．
鈴木聖子（2011）「『介護福祉学』の構築に向けて─ケア論からの考察─」日本介護福祉学会編『介護福祉学』vol.18.
Stewart, I. (1989) *TRANSACTIONAL ANALYSIS COUNSELLING IN ACTION*, Sage Publication.
住居広士（2006）「介護の理論と実践により福祉を実現する介護福祉学」日本介護福祉学会編『介護福祉学』vol.13：24-34.
専門介護福祉士認定に関する研究会（2010）『専門介護福祉士認定に関する研究報告書』日本介護福祉士養成施設協会．
高山忠雄（2000）「第1章　保健福祉学の理念」高山忠雄編著『保健福祉学』川島書店，13-18.
瀧本孝雄（2006）『カウンセリングへの招待』サイエンス社．
武井麻子（2008）『感情と看護』医学書院．

田中安平（1986）「特養のあるべき姿―寮母職の体験から提言する―」『老人生活研究』老人生活研究所10・11月号．

田中安平（1987）「特養のあるべき姿―寮母職の体験から提言する―」『老人生活研究』老人生活研究所1・2月号．

田中安平（2003a）「解説ケア・カウンセリング」井上千津子・田中由紀子・釜土禮子・田中安平編『介護の本音ジャーナル』No.11, インデックス出版, 24-29．

田中安平（2003b）「介護―その哲学と倫理（1）」鹿児島国際大学『福祉社会学部論集』第22巻第1号：1-18．

田中安平（2005）『介護の本質』インデックス出版．

田中安平（2006）「介護現場からの介護福祉思想」介護福祉思想研究会（編）『介護福祉思想の探求』ミネルヴァ書房, 73-86．

田中安平（2007）「介護福祉士養成教育の現状と課題」日本介護福祉教育学会『介護福祉教育』No.23：33-40．

田中安平（2009）『新・介護の本質』インデックス出版．

田中安平（2011a）「介護福祉のコアである専門性の確立に関する研究―コアである専門性を明確化するために必要な介護福祉援助技術の体系化―」日本社会福祉学会九州地域部会『九州社会福祉学』第7号：41-52．

田中安平（2011b）「介護現場および介護教育におけるケアカウンセリングの必要性についての一考察」鹿児島国際大学『大学院学術論集』第3集：13-24．

田中安平（2012a）「介護職員の就労に関する調査」介護問題プロジェクトチーム田畑洋一主査『介護職員の就労改善と介護報酬に関する調査研究―介護問題プロジェクト報告書―』鹿児島県地方自治研究所, 1-61．

田中安平（2012b）「介護福祉士養成教育における介護福祉の専門性と専門科目のあり方に関する一考察」日本介護福祉教育学会『介護福祉教育』№33：27-36．

田中安平（2013）「介護保険制度を持続可能にする施設経営の在り方に関する一考察」鹿児島県地方自治研究所『自治研かごしま』No.103：51-57．

田畑洋一（2004）「社会福祉の定義」田畑洋一編集『現代社会福祉概説』中央法規出版, 8-11．

中央法規出版編集部（2001）『社会福祉用語辞典』中央法規出版．

中央法規出版編集部（2004）「社会的リハビリテーションと地域リハビリテーション」中村隆一・佐直信彦編（2012）『入門リハビリテーション概論』医歯薬出版．

DeCarvalho, R. J.（1991）*The Growth Hypothesis in Psychology*, Mellen Research University Press.（=1994. 伊藤博訳『ヒューマニスティック心理学入門』新水社, 23.）

Downie, R. S. and Elizabeth Telfer（1980）*Caring and Curing*, Methuen & Co. Ltd.（=1987. 雀部猛利訳『介護と治療』関西大学出版部．）

富永健一（2000）『行為と社会システムの理論』東京大学出版会．

中井康貴（2012a）「介護職員の勤務実体と労働環境」介護問題プロジェクトチーム田畑洋一主査『介護職員の就労改善と介護報酬に関する調査研究―介護問題プロジェクト報告書―』鹿児島県地方自治研究所, 26-32．

中島紀恵子（2000）『介護概論』中央法規出版.
中嶌洋（2011）「介護福祉教育研究の動向と課題」日本介護福祉教育学会編『介護福祉教育』中央法規出版, 82-88.
中村隆一（2012）「リハビリテーションとは」中村隆一・佐直信彦編『入門リハビリテーション概論』医歯薬出版.
中山慎吾（2011）『認知症高齢者と介護者支援』法律文化社.
奈倉道隆（2013）「介護福祉の独自性—ソーシャルワークの視点から」聖隷クリストファー大学社会福祉学会『聖隷社会福祉研究』第6号：1-5.
Nye, R. D. (1992) *THREE PSYCHOLOGIES, 4 / E : Perspectives from Freud, Skinner and Rogers*, Books/Cole, A Division of Wadsworth Inc. （=2000. 河合伊六訳『臨床心理学の源流』二瓶社, 36-48.）
西村洋子（2006）『介護概論』中央法規出版.
根本橘夫（2001）『人と接するのがつらい—人間関係の自我心理学—』文藝春秋, 野中ますみ（2014）「介護とケア」日本介護福祉士養成施設協会編『介護の基本／介護過程』法律文化社, 11-28.
Biestek, F. P. (1957) *The Casework Relationship : Loyola University Press*.
日野原重明（1999）『医のアート、看護のアート』中央法規出版.
平木典子（2002）『自己カウンセリングとアサーションのすすめ』金子書房.
福祉士養成講座編集委員会（2006）『新版介護福祉士養成講座　介護概論』中央法規出版.
福祉士養成講座編集委員会（2000）『三訂社会福祉士養成講座　介護概論』中央法規出版.
藤江康彦（2007）「第2章　授業をつくる」秋田喜代美・佐藤学編著『新しい時代の教職入門』有斐閣, 19-44.
Feil, N. (1993) *THE VALIDATION BREAKTHROUGH : Simple Techniques for Communicating with "Alzheimer's-Type Dementia"*, Health Professions Press.
堀田義太郎（2007）.「『ケアの社会化』を再考する——有償化＝分業化の可能性と限界」『社会思想史学会』報告集（http://www.arsvi.com/2000/0710hy03.htm, 2013. 3. 1），1-4.
本間美幸・八巻貴穂・佐藤郁香（2009）「介護福祉士の専門性に関する調査（その2）〜福祉施設介護職責任者聞き取り調査結果から〜」北翔大学『人間福祉研究』No.12：99-111.
松本好生（2011）「これからの介護現場に求められる介護福祉士の専門性とその教育のあり方」日本介護福祉教育学会編『介護福祉教育』中央法規出版, 2-11.
御子柴善之（2006）「尊厳と連帯」『早稲田大学大学院文学研究科紀要』第1分冊, 29-41.
水上幸代（2007）「介護福祉士養成教育の課題〜国家資格化を省みて〜」『社会関係研究』第13巻第1号：75-104.
峯尾武巳（2012）「介護福祉学の構築に向けて—介護福祉学への研究ノート—」日本介護福祉学会編『介護福祉学』Vol.19(1)：101-107.
宮内寿子（2008）「ケアの倫理の可能性」『筑波学院大学紀要』第3集, 101-113.
Milner, J. and O' Byrne, P. (1998) *ASSESSMENT IN SOCIAL WORK, Macmillan Press*. (= 2001. 杉本敏夫・津田耕一監訳『ソーシャルワーク・アセスメント』ミネルヴァ書房, 49-50.)

村澤孝子（2006）「エネルギー補充の方法」多田ゆかり・村澤孝子著『対人援助職のメンタルケア』ミネルヴァ書房, 131-148.
Mayeroff, M (1971) *On Caring, Harper & Row.*
森村修（2003）『ケアの倫理』大修館書店.
山縣文治・柏女霊峰編集委員代表（2001）『社会福祉用語辞典』ミネルヴァ書房.
山崎安則（2013）「ニーズ」九州社会福祉研究会編『21世紀の現代社会福祉用語辞典』学文社.
吉田宏岳監修（2003）『介護福祉学習事典』医歯薬出版.
Richmond, M. E. (1922) *WHAT IS SOCIALWORK? AN INTRODUCTORY DESCRIPTION, Russell Sage Foundation.*

参考文献
秋山さと子（1999）『ユングの性格分析』講談社現代新書.
秋田喜代美・佐藤学編著（2007）『新しい時代の教職入門』有斐閣.
足立紀子（1998）『怒れる保健婦足立紀子の看護・介護の仕事論』医歯薬出版.
阿部志郎・河幹夫著（2008）『人と社会―福祉の心と哲学の丘』中央法規出版.
石井哲夫（2002）『自閉症児の心を育てる』明石書店.
一番ケ瀬康子・黒澤貞夫監修（2006）『介護福祉思想の探究』ミネルヴァ書房.
石川道夫・田辺稔編集（1998）『ケアリングのかたち―こころ・からだ・いのち』中央法規出版.
植田寿之（2005）『対人援助のスーパービジョン』中央法規出版.
内山登紀夫・水野薫・吉田友子（2003）『高機能自閉症・アスペルガー症候群入門』中央法規出版.
浦河べてるの家著（2009）『べてるの家の「非」援助論』医学書院.
大阪大学大学院工学研究科原子力工学専攻編（2005）『学びに成功する「よい授業」とはなにか』大阪大学出版会.
大竹榮監修（2005）『―福祉と医療に携わる人のための―コミュニケーション・マナーの基本』中央法規出版.
尾見康博・進藤聡彦編著（2004）『私たちを知る心理学の視点』勁草書房.
梶田正巳編著（2004）『授業の知』有斐閣.
風の村記録編集委員会（2001）『風かおる「終の棲家」もしわたしが暮らすとしたら…、から始まった私たちの特別養護老人ホーム作り』ミネルヴァ書房.
加藤尚武（2006）『現代人の倫理学』丸善株式会社.
金子努（2005）『介護分野におけるリスクマネジメント』中央法規出版.
金原俊輔（2006）『アメリカでカウンセリングを学ぶ』現代図書.
鬼崎信好編著（2004）『世界の介護事情』中央法規出版.
Kirschenbaum, H. and Henderson, V. L. (1989). *THE CARL ROGERS READER,* Howard Kirschenbaum., （＝2001. 伊東博・村山正治監訳『ロジャーズ選集（上・下）』誠信書房.）

熊谷高幸（1999）『自閉症の謎こころの謎』ミネルヴァ書房.
Klein, A. (1989) *THE HEALING POWER OF HUMOR*, Jeremy P. Tarcher Inc., (=1998. 片山陽子訳『笑いの治癒力』創元社.)
Gage, N. L. (1978). *The Scientific Basis of the Art of Teaching*, Tuttle-Mori Agency Inc., (=1995. 山本芳孝訳『授業の実践力を高める方法』田研出版.)
國分康孝（2002b）『エンカウンター』誠信書房.
小林正幸編著（1999）『実践入門　教育カウンセリング』川島書店.
小松源助（2000）『ソーシャルワーク理論の歴史と展開』川島書店.
坂口哲司（2000）『看護と保育のためのコミュニケーション』ナカニシヤ出版.
坂本真士・佐藤健二編（2004）『はじめての臨床社会心理学』有斐閣.
桜部建・上山春平著（1973）『存在の分析〈アビダルマ〉』角川書店.
佐々木静子編著（2001）『成年後見制度Q&A』ミネルヴァ書房.
佐藤三千雄（2006）『生老病死の哲学』本願寺印刷.
島悟編著（1999）『ストレスとこころの健康』ナカニシヤ出版.
白仁田敏史・田中安平・野上薫編（2007）『第7回介護福祉士の就労実態と専門性の意識に関する調査報告書』社団法人日本介護福祉士会.
関家新助（2004）『現代哲学思想と福祉』中央法規出版.
副田あけみ（1998）『在宅介護支援センターのケアマネジメント』中央法規出版.
高山忠雄・安梅勅江（1998）『グループインタビュー法の理論と実際』川島書房.
高山忠雄（2008）『効果的な介護予防型訪問・通所リハビリテーションの実態把握からみた自立生活支援プログラムの開発評価に関する研究』厚生労働省長寿科学総合研究事業報告書.
武井麻子（2005）「感情労働としてのケア」川本隆史編『ケアの社会倫理学』有斐閣.
竹田純郎・森秀樹編（2000）『死生学入門』ナカニシヤ出版.
多田ゆかり・村澤孝子著（2006）『対人援助職のメンタルケア』ミネルヴァ書房.
田中克佳編著（2006）『「教育」を問う教育学』慶應義塾大学出版会.
田中安平（1986）「寮母の専門性と資格」『老人福祉』老人福祉施設協議会.
田中安平（1987a）「心やさしきプロフェッショナル」『老人生活研究』老人生活研究所.
田中安平（1987b）「社会死と施設の社会化」『老人生活研究』老人生活研究所.
田中安平（1989）「社会福祉と人間哲学」『老人生活研究』老人生活研究所.
田中安平（1990）「介護福祉制度の内包する矛盾点」『老人生活研究』老人生活研究所.
田中安平（1992）「資格制度とマンパワー確保に関する提言」『老人生活研究』老人生活研究所.
田中安平（1993a）「『老人ホームって何だろう』を読んで」『老人生活研究』老人生活研究所.
田中安平（1993b）「専門職としての介護」『介護福祉研究』全国介護福祉士・介護福祉研究.
田中安平（1994a）「『サービス評価基準』の持つ意味と活用法」『老人生活研究』老人生活研究所.
田中安平（1994b）「サービス評価基準が生かされるための共通基盤となるべき標準認識への

提言」『介護福祉学』日本介護福祉学会.
田中安平（1995a）「施設における痴呆性老人の接遇について」『老人生活研究』老人生活研究所.
田中安平（1995b）「自立の二面性」『介護福祉研究』全国介護福祉士・介護福祉研究.
田中安平（1998）「介護保険制度下における老人施設介護及び在宅介護の課題」『老人生活研究』老人生活研究所.
田中安平（2000）「介護職から見た介護保険制度の問題点」井上千津子・田中由紀子・釜土禮子・田中安平編『介護の本音ジャーナル』インデックス出版.
田中安平（2001）「介護の二極性」鹿児島国際大学『福祉社会学部論集』.
田中安平（2004a）「介護―その哲学と倫理（2）」鹿児島国際大学『福祉社会学部論集』.
田中安平（2004b）「介護教育の本質（1）」鹿児島国際大学『福祉社会学部論集』.
田中安平（2004c）「介護教育の本質（2）」鹿児島国際大学『福祉社会学部論集』.
田中安平（2004d）.「ユニットケアへのあるべき姿への一考察」『介護の本音ジャーナル：ケア研究』インデックス出版.
田中安平（2007）「大学における介護福祉教育のあり方と方向性についての試案」鹿児島国際大学『福祉社会学部論集』.
田中安平（2009）「魅力ある介護福祉士像の確立のために」鹿児島国際大学『福祉社会学部論集』.
千葉喜久也・中里仁著（2007）『高齢者福祉論――利用者主体の支援をめざして』中央法規出版.
千葉直一・安藤徳彦編集主幹（2001）『介護保険とリハビリテーション』金原出版, 中島健一・中村考一著（2005）『ケアワーカーを育てる「生活支援実践法」生活プランの考え方』中央法規出版.
中西信男・葛西真記子・松山公一著（2002）『精神分析的カウンセリング』ナカニシヤ出版.
日本家政学会編（社）（2004）『家政学事典』朝倉書店.
東山紘久（2001）『プロカウンセラーの聞く技術』創元社.
日野原重明（1999）『死と、老いと、生と』中央法規出版.
深田博巳編著（2000）『コミュニケーション心理学』北大路書房.
深谷和子編著（2005）『遊戯療法』金子書房.
藤本一司（2012）『老いから学ぶ哲学』北樹出版.
松本百合美（2005）『介護福祉概論』ミネルヴァ書房.
水島広子（2004）『自分でできる対人関係療法』創元社.
宮内寿子（2008）「ケアの倫理の可能性」筑波学院大学紀要第3集.
村瀬嘉代子・黒川由紀子編著（2005）『老いを生きる、老いに学ぶこころ』創元社.
村田久行（2002）『ケアの思想と対人援助』川島書店.
横尾恵美子（2003）『脱・寮母宣言』インデックス出版.
吉田新一郎（2006）『テストだけでは測れない！　人を伸ばす「評価」とは』日本放送出版協会.

吉田輝美（2014）『感情労働としての介護労働』旬報社.
吉田友子（2005）『あなたがあなたであるために　自分らしく生きるためのアスペルガー症候群ガイド』中央法規出版.
Wlodkowski, R. J. (19789 *MOTIVATION AND TEACHING, Tuttle-Mori Agency Inc.,*（＝1991. 新井邦二郎・鳥塚秀子・丹羽洋子共訳『やる気を引き出す授業』田研出版.)

■著者略歴

田中安平（たなか・やすひら）

1949年、鹿児島県生まれ
1976年、鹿児島大学農学部林学科卒業
1976年～1995年、特別養護老人ホーム介護職・指導員職・事務長職（1993年、佛教大学社会学部社会福祉学科卒業）
1995年～1997年、介護福祉士養成施設教務主任
1997年～1999年、老人保健施設アドバイザー
1999年～2001年、視覚障害者養護老人ホーム副施設長
2001年～2009年、鹿児島国際大学福祉社会学部社会福祉学科准教授
2009年～、鹿児島国際大学福祉社会学部社会福祉学科教授（2015年、鹿児島国際大学社会福祉研究科博士後期課程修了：社会福祉学博士）
介護福祉士、社会福祉士、介護支援専門員
鹿児島県介護福祉士会会長（1992年～1999年、2004年～2014年）
日本介護福祉学会理事（1994年～1999年）
鹿児島県国保連合会介護給付費審査委員会委員（2004年～現在）
社団法人日本介護福祉士会理事（2006年～2010年）
鹿児島市高齢者保健福祉計画及び介護保険事業計画策定・管理委員会委員（2011年～現在）
鹿児島市地域包括支援センター運営協議会委員（2011年～現在）

■主な著作

『現代社会福祉概説』中央法規出版、共著（2004年）
『介護の本質』インデックス出版、単著（2005年）
『福祉思想の探究（介護の心のあり方を考える）』ミネルヴァ書房、共著（2006年）
『介護職員基礎研修テキスト：生活支援の理念と介護における尊厳の理解』全国社会福祉協議会、共著（2006年）

プロの介護福祉士を目指すあなたに
―介護福祉援助技術を身につけた介護福祉士の専門性と援助法について―

2016年8月6日　第1刷発行
2017年4月20日　第2刷発行

著　者　田中安平
発行者　川畑善博
発行所　株式会社 ラグーナ出版
　　　　〒892-0847 鹿児島市西千石町3-26-3F
　　　　電話 099-219-9750　FAX 099-219-9701
　　　　URL　http://lagunapublishing.co.jp
　　　　e-mail　info@lagunapublishing.co.jp

印刷・製本　シナノ書籍印刷株式会社

定価はカバーに表示しています
落丁・乱丁はお取り替えします
ISBN978-4-904380-50-5　C3036
© Yasuhira Tanaka 2016, Printed in Japan